OEUVRES

POLITIQUES

DE J. J. ROUSSEAU.

TOME PREMIER.

DE L'IMPRIMERIE DE DIDOT LE JEUNE,

RUE DES MAÇONS-SORBONNE, N° 13.

ŒUVRES

POLITIQUES

DE J. J. ROUSSEAU;

ORNÉES DE FIGURES.

TOME PREMIER.

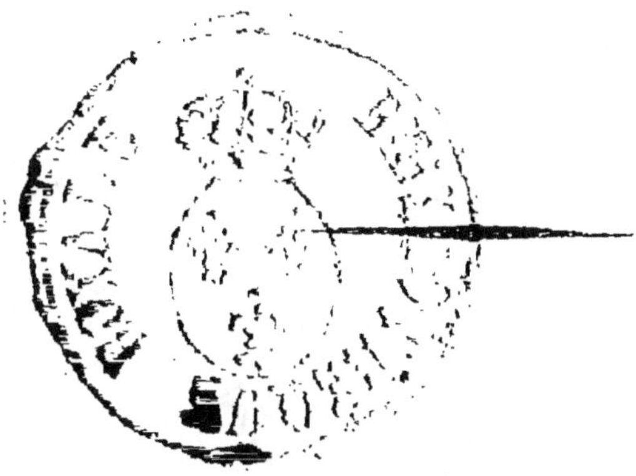

A PARIS,

CHEZ Mme VEUVE LEPETIT, LIBRAIRE,
RUE HAUTEFEUILLE, N° 30.

1821.

PRÉFACE

DES ÉDITEURS.

L E rang que J. J. Rousseau doit occuper parmi les écrivains politiques
français est assigné depuis longtemps. Entre tous les publicistes que
le dix-huitième siècle a vus s'élever,
et dont les savans écrits sont encore
si utiles à la liberté des peuples, le
citoyen de Genève n'a trouvé qu'un
rival que la postérité pût équitable-
ment lui opposer, le célèbre auteur
de *l'Esprit des lois;* tous les autres
ne paraissent que sur la seconde ligne.
La première est occupée par Rousseau et Montesquieu ; et, si les esprits

se sont partagés entre l'un et l'autre, selon la diversité des vues, selon la hardiesse plus ou moins grande des opinions, le jugement du public n'a point établi de prééminence, et l'on a moins encore cherché à placer quelque autre philosophe à côté de ces deux immortels écrivains.

Le caractère particulier des écrits politiques de J. J. Rousseau, c'est la profondeur des conceptions, la nouveauté des idées, et l'éloquente énergie du style. Comme ses autres ouvrages, ils sont fondés sur la grande pensée fondamentale que l'homme est né bon, et que l'état naturel était préférable à l'état social. Avant ce philosophe, les publicistes avaient établi comme un axiome, qu'il est nécessairement dans la nature de l'homme de vivre en société. Rousseau s'est écarté de ce principe ; l'état de nature sert de point de départ à toutes ses discussions. Cette idée, qui, dans la situation actuelle du monde, ne peut être que spéculative, ne lui fait regarder comme des améliorations aux lois politiques et civiles que tout ce qui tend à les rapprocher des lois naturelles; et telle est la fécondité des conséquences qu'il en a tirées, que ceux mêmes qui n'adoptent pas le principe se trouvent souvent d'accord avec lui sur une foule d'idées secondaires, et conviennent que les écrits politiques de cet écrivain, sagement et intelligemment appliqués, peuvent devenir éminemment utiles à la liberté publique.

C'est dans cette opinion, que nous partageons, qu'il a paru utile de réunir en quelques volumes les œuvres politiques de J. J. Rousseau. On a pensé que si, à quelques époques, des esprits mal faits ou travaillés par l'ambition du pouvoir, ont abusé des principes développés par l'auteur du *Contrat social*, ce danger n'était plus réel aujourd'hui, qu'éclairés par de pénibles expériences, les Français ont appris à se méfier des explications dangereuses, et se sont appliqués à comprendre ce qu'ils veulent réaliser. Il a paru que les œuvres de Rousseau, inspirées par un si brûlant amour de la vertu, et dictées par un si vif enthousiasme pour ce qui est beau comme pour ce qui est grand, ne sauraient être rendues justiciables de fautes et de crimes dont le philosophe eût repoussé les auteurs avec l'indignation de l'homme de bien, et dont il eût désavoué avec horreur l'effrayante responsabilité.

L'édition que nous publions se compose des ouvrages suivans :

1.º *Discours sur l'origine et les fondemens de l'inégalité parmi les hommes.*

En 1753, l'académie de Dijon proposa pour sujet du prix qu'elle décernait chaque année, *l'Origine de l'inégalité parmi les hommes*. Rousseau, qui avait remporté trois ans auparavant le prix proposé par la même académie, s'étonna qu'elle eût osé choisir une telle question; mais, puisqu'elle avait eu ce courage, il eut celui de la résoudre.

Il nous apprend que son *Discours sur l'inégalité* fut composé en partie pendant un voyage qu'il fit à Saint-Germain, et qui fut l'un des plus agréables de sa vie. Ce fut au milieu de la forêt qu'il médita les vérités sublimes dont cet ouvrage étincelle. « Enfoncé dans la forêt, dit-il, j'y cherchais, j'y trouvais l'image des

premiers temps, dont je traçais fiè-
rement l'histoire ; je faisais main
basse sur les petits mensonges des
hommes ; j'osais dévoiler à nu leur
nature, suivre les progrès du temps
et des choses qui l'ont défigurée ; et,
comparant l'homme de l'homme avec
l'homme naturel, leur montrer dans
son perfectionnement prétendu la
source de ses misères. Mon âme, élevée
par ces contemplations sublimes,
s'osait placer auprès de la Divinité ;
et, voyant de là mes semblables suivre,
dans l'aveugle route de leurs préjugés, celle de leurs erreurs, de leurs
malheurs, de leurs crimes, je leur
criais d'une faible voix, qu'ils ne pouvaient entendre : Insensés, qui vous
plaignez sans cesse de la nature, apprenez que tous vos maux vous viennent de vous ! »

Le *Discours sur l'inégalité*, estimé

par tous les critiques, fort supérieur au *Discours sur les lettres*, qui avait remporté le prix à l'académie de Dijon, ne fut point couronné par la même académie; elle ne le comprit pas.

L'auteur l'a fait précéder d'une dédicace à la république de Genève. Ce morceau, esquissé à Paris, fut achevé à Chambéry, dont il porte la date. Sublime d'un bout à l'autre, il fut peut-être le premier ouvrage dans lequel les écrivains français atteignirent aux mâles beautés des orateurs d'Athènes et de Rome. Les Genevois en témoignèrent à Rousseau une reconnaissance qui devait trop tôt se changer en la plus noire ingratitude.

2.º *Lettre à M. Philopolis.*

Rousseau, dans cette lettre, réfute plusieurs objections d'un pseudo-

nyme au sujet du *Discours sur l'inégalité*. Elle se distingue par la pureté du style, et doit être regardée
comme un modèle de bonne plaisan-
terie.

3.° *Du Contrat social*, ou *Principes du droit politique.*

Ce fut à Venise que Rousseau conçut la première idée d'un grand ouvrage qu'il devait intituler *Institutions politiques*, et qui devait, dit-il,
mettre le sceau à sa réputation. L'examen approfondi de la matière l'a-
vait convaincu qu'un peuple ne serait
jamais que ce que son gouvernement
le ferait être ; il s'était alors proposé
de chercher quel était le meilleur gouvernement, et il était arrivé à reconnaître que c'était celui qui se tenait
le plus près de la loi. De là il sor-
tait une série de questions plus im-

portantes les unes que les autres. La solution de ces questions devait former ses *Institutions politiques*, ouvrage aussi vaste qu'utile, qui entre les mains de Rousseau fût devenu la clef de toute législation politique, et dont on ne peut trop regretter que les malheurs continuels d'une vie orageuse ne lui aient pas permis de consommer l'exécution. Il ne nous en est resté que le *Contrat social*, qui n'en formait qu'une faible partie, et qui est encore le code où les publicistes vont chercher des dogmes et des principes. Cet ouvrage est peut-être celui dans lequel Rousseau a déployé la plus grande force de pensées. Plusieurs des chapitres qu'il renferme ne sont pas encore compris de tout le monde; et c'est à cette obscurité que l'on doit sans doute attribuer et les applications funestes que l'ignorance

en a déduites, et la diversité des jugemens dont il est encore l'objet.

4.º *Discours sur l'économie politique.*

Ce morceau est un de ceux que
Rousseau a le plus soignés. Il offre
une suite de vues sur la meilleure
administration financière que puisse
posséder un gouvernement. On y retrouve les idées fondamentales du
Contrat social; la définition de la loi,
qui est *l'expression de la volonté générale,* la prééminence du peuple sur
les gouvernemens, enfin tous les principes des gouvernemens populaires,
auxquels Rousseau donne le nom de
seuls gouvernemens légitimes. Quelques-unes des propositions de Rousseau relativement à l'économie politique ont été combattues par les
économistes de notre époque. Ils lui
ont surtout reproché de n'avoir pas

séparé la science économique du gouvernement, et de ne l'avoir pas ainsi
mise à l'usage des simples particuliers.

5.º *Projet de paix perpétuelle, par
l'abbé de Saint-Pierre ; jugement
de Rousseau sur le Projet de paix
perpétuelle.*

6.º *Polysynodie de l'abbé de Saint-
Pierre ; jugement sur la Polysynodie.*

J. J. Rousseau, étant sécrétaire de
madame Dupin, femme d'un fermier-
général, fut chargé par cette dame
de faire l'extrait des ouvrages de
l'abbé de Saint-Pierre, homme ex-
cellent et bon citoyen, qui avait
passé sa vie à écrire des projets pour
l'amélioration des institutions sociales, mais écrivain incorrect, diffus,
et singulièrement prolixe. Il ne s'agis-
sait pas moins que de dévorer vingt-

trois volumes, pleins de détails oiseux, de redites, et d'idées étroites ou fausses. Rousseau se dégoûta bientôt d'un travail sans fruit, et dans lequel il ne pouvait remplir que les fonctions d'un manœuvre. Il se borna à l'extrait du *Projet de paix perpétuelle*, et de la *Polysynodie*. Il joignit à ces deux extraits des jugemens qui valent beaucoup mieux, et qui donnent quelque prix à ce travail.

Le *Projet de paix perpétuelle* était le rêve d'un homme de bien qui ne mesure pas toute l'étendue des conséquences du plan qu'il propose. L'abbé de Saint-Pierre conseillait aux princes de l'Europe de s'allier, de former une sorte de république fédérative. Il soumettait chacun de ces princes à la juridiction d'une diète, composée de tous, et pensait que cette olygarchie préviendrait toutes les guerres, et assurerait une paix perpétuelle. Mais, en formant des vœux pour la tranquillité des nations, il ne réfléchissait pas aux dangers dont une telle coalition pouvait être pour leur liberté et pour leur indépendance. Il oubliait que les princes coalisés, se trouvant affranchis du besoin d'être soutenus par leurs peuples, n'auraient plus d'intérêt à les ménager, et ne songeait pas qu'alors il se formerait deux intérêts distincts, celui des rois et celui des sujets, celui des opprimés et celui des oppresseurs.

Rousseau, dans son jugement sur le *Projet de paix perpétuelle*, a entrevu ces dangers, qu'il eût beaucoup mieux compris aujourd'hui. « Admirons, dit-il, un si beau plan ; mais consolons - nous de ne pas le voir exécuter, car cela ne peut se faire que

b. .

par des moyens violens et redoutables à l'humanité. »

La *Polysynodie* est un système d'administration qui consiste à substituer à un ministère autant de conseils qu'il y a de genres d'affaires à traiter. L'abbé de Saint-Pierre s'est beaucoup appesanti sur ce système, qui lui semble plus avantageux qu'aucun autre, tant pour l'intérêt du prince que pour celui du peuple. Rousseau ne croit cette forme d'administration praticable que dans un gouvernement mixte ; encore la juge-t-il inséparable d'une foule d'abus.

7.° *Considérations sur le gouvernement de Pologne.*

Cet écrit, qui est l'ouvrage de la vieillesse de l'auteur, est peut être le plus admirable de ses traités politiques. En avril 1772, plusieurs nobles polonais, affligés des convulsions perpétuelles qui déchiraient leur patrie, formèrent le projet de la réformer. M. le comte de Wielhorski, cherchant un écrivain auquel il pût demander des conseils, ne crut pouvoir mieux s'adresser qu'à Rousseau ; et celui-ci répondit à cette honorable confiance en écrivant ses *Considérations sur le gouvernement de Pologne*. Ce n'est plus ici Rousseau posant les fondemens de toute société légitime, développant des principes abstraits ; c'est un homme d'état qui propose à une société donnée des institutions conformes à sa nature, à celle de son climat, à ses traditions historiques, au caractère de ses habitans. Dans cet écrit Rousseau a montré qu'il savait appliquer ses principes aux lieux et aux temps ; on ne peut douter que, si la Pologne n'eût point été aussitôt

victime des abus de la force, elle eût
trouvé dans les institutions de son législateur une source de vertus, de
stabilité et de grandeur.

Les *Considérations sur le gouvernement de Pologne* ne parurent qu'a-
près la mort de Rousseau. Elles furent
accueillies avec enthousiasme. M. Ga-
rat, rendant compte de cet ouvrage,
dit qu'après l'avoir lu, on croit sortir
avec Numa de la forêt sacrée où ce
monarque législateur avait des en-
tretiens avec la nymphe Egérie sur
le bonheur et la liberté de Rome.

8.° *Lettres à M. Butta-Foco, sur
la Corse.*

Ces lettres sont en petit nombre,
et ne contiennent presque autre chose
que l'expression du désir qu'éprou-
vait Rousseau de remplir les vues
de M. Butta-Foco qui lui avait de-

mandé un projet d'institution pour la Corse. Rousseau, dans le *Contrat social*, avait dit, liv. 2ᵉ, chap. x : « Il y a encore en Europe un pays capable de législation ; c'est l'île de Corse…. J'ai quelque pressentiment qu'un jour cette petite île étonnera l'Europe. » Quelques seigneurs corses avaient lu ce passage avec reconnaissance ; et c'est par suite de cette bonne opinion que Rousseau avait des Corses que l'on crut devoir lui offrir d'en devenir le législateur. Ses occupations ne lui permirent pas de suivre cette idée, dont il fut aussi détourné par l'envoi d'un corps de troupes françaises dans ce pays. Il ne crut pas que ces troupes eussent été envoyées pour protéger la liberté, et regarda comme une dérision de créer des institutions politiques pour une nation dont l'indépendance était menacée. Il ne donna point de suite à ses projets, dont il n'est resté que les quatre lettres que nous publions.

Tels sont les divers écrits dont nous offrons la réunion au public. Si cette édition peut contribuer à répandre les principes de liberté et de vertu qui animent les ouvrages de **J. J.** Rousseau, nous serons trop récompensés de nos peines.

DISCOURS

SUR

L'ORIGINE ET LES FONDEMENTS

DE L'INÉGALITÉ

PARMI LES HOMMES.

Non in depravatis, sed in his quæ bene secundum naturam se habent, considerandum est quid sit naturale.
ARISTOT. Politic. lib. ij.

A LA RÉPUBLIQUE
DE GENÈVE.

MAGNIFIQUES, TRÈS-HONORÉS, ET
SOUVERAINS SEIGNEURS,

Convaincu qu'il n'appartient qu'au citoyen vertueux de rendre à sa patrie des honneurs qu'elle puisse avouer, il y a trente ans que je travaille à mériter de vous offrir un hommage public ; et cette heureuse occasion suppléant en partie à ce que mes efforts n'ont pu faire, j'ai cru qu'il me serait permis de consulter ici le zèle qui m'anime, plus que le droit qui devrait m'autoriser. Ayant eu le bonheur de naître parmi vous, comment pourrais-je méditer sur l'égalité que la nature a mise entre les hommes, et sur l'inégalité qu'ils ont instituée, sans penser à la profonde sagesse avec laquelle l'une et l'autre, heureusement combinées dans cet état, concourent, de la manière la plus approchante de la loi naturelle et la plus favorable à la société, au maintien de l'ordre public et au bonheur des particuliers ? En recherchant les meilleures maximes que le bon sens puisse dicter sur la constitution d'un gouvernement, j'ai été si frappé de les voir toutes en exécution dans le vôtre, que même sans être né dans vos murs, j'aurais cru ne pouvoir me dispenser d'offrir ce tableau de la société humaine, à celui de tous les peuples qui me paraît en posséder les plus grands avantages, et en avoir le mieux prévenu les abus.

Si j'avais eu à choisir le lieu de ma naissance, j'aurais choisi une société d'une grandeur bornée par l'étendue des facultés humaines, c'est-à-dire, par la possibilité d'être bien gouvernée, et où chacun suffisant à son emploi, nul n'eût été contraint de commettre à d'autres les fonctions dont il était chargé : un

état où tous les particuliers se connaissant entr'eux, les manœuvres obscures
du vice, ni la modestie de la vertu n'eussent pu se dérober aux regards et au jugement du public, et où cette douce habitude de se voir et de se connaître fit
de l'amour de la patrie, l'amour des citoyens plutôt que celui de la terre.

J'aurais voulu naître dans un pays
où le souverain et le peuple ne pussent
avoir qu'un seul et même intérêt, afin
que tous les mouvements de la machine
ne tendissent jamais qu'au bonheur commun ; ce qui ne pouvant se faire à moins
que le peuple et le souverain ne soient
une même personne, il s'ensuit que j'aurais voulu naître sous un gouvernement
démocratique, sagement tempéré.

J'aurais voulu vivre et mourir libre,
c'est-à-dire, tellement soumis aux lois,
que ni moi ni personne n'en pût secouer
l'honorable joug ; ce joug salutaire et
doux, que les têtes les plus fières portent d'autant plus docilement, qu'elles
sont faites pour n'en porter aucun autre.

J'aurais donc voulu que personne dans l'état n'eût pu se dire au dessus de la loi, et que personne au dehors n'en pût imposer que l'état fût obligé de reconnaître : car, quelle que puisse être la constitution d'un gouvernement, s'il s'y trouve un seul homme qui ne soit pas soumis à la loi, tous les autres sont nécessairement à la discrétion de celui-là [1] ; et s'il y a un chef national et un autre chef étranger, quelque partage d'autorité qu'ils puissent faire, il est impossible que l'un et l'autre soient bien obéis, et que l'état soit bien gouverné.

Je n'aurais point voulu habiter une république de nouvelle institution, quelques bonnes lois qu'elle pût avoir, de peur que le gouvernement, autrement constitué peut-être qu'il ne faudrait pour le moment, ne convenant pas aux nouveaux citoyens, ou les citoyens au nouveau gouvernement, l'état ne fût sujet à être ébranlé et détruit presque dès sa naissance. Car il en est de la liberté comme de ces aliments solides et succulents, ou

de ces vins généreux, propres à nourrir et
fortifier les tempéraments robustes qui
en ont l'habitude, mais qui accablent,
ruinent et enivrent les faibles et déli-
cats qui n'y sont point faits. Les peuples une fois accoutumés à des maîtres,
ne sont plus en état de s'en passer. S'ils
tentent de secouer le joug, ils s'éloignent
d'autant plus de la liberté, que, prenant pour elle une licence effrénée qui
lui est opposée, leurs révolutions les livrent presque toujours à des séducteurs
qui ne font qu'aggraver leurs chaînes. Le
peuple romain lui-même, ce modèle de
tous les peuples libres, ne fut point en
état de se gouverner en sortant de l'oppression des Tarquins. Avili par l'esclavage et les travaux ignominieux qu'ils
lui avaient imposés, ce n'était d'abord
qu'une stupide populace qu'il fallut ménager et gouverner avec la plus grande
sagesse, afin que s'accoutumant peu à
peu à respirer l'air salutaire de la liberté, ces âmes énervées ou plutôt abruties
sous la tyrannie, acquissent par degrés

cette sévérité de mœurs et cette fierté de courage qui en firent enfin le plus respectable de tous les peuples. J'aurais donc cherché pour ma patrie une heureuse et tranquille république, dont l'ancienneté se perdit en quelque sorte dans la nuit des temps, qui n'eût éprouvé que des atteintes propres à manifester et affermir dans ses habitants le courage et l'amour de la patrie, et où les citoyens, accoutumés de longue main à une sage indépendance, fussent non-seulement libres, mais dignes de l'être.

J'aurais voulu me choisir une patrie, détournée par une heureuse impuissance du féroce amour des conquêtes, et garantie, par une position encore plus heureuse, de la crainte de devenir elle-même la conquête d'un autre état ; une ville libre, placée entre plusieurs peuples dont aucun n'eût intérêt à l'envahir, et dont chacun eût intérêt d'empêcher les autres de l'envahir eux-mêmes ; une république, en un mot, qui ne tentât point l'ambition de ses voisins, et qui pût raisonnablement compter sur leurs secours au besoin. Il s'ensuit que, dans une position si heureuse, elle n'aurait eu rien à craindre que d'elle-même, et que si ses citoyens s'étaient exercés aux armes, c'eût été plutôt pour entretenir chez eux cette ardeur guerrière et cette fierté de courage qui sied si bien à la liberté et qui en nourrit le goût, que par la nécessité de pourvoir à leur propre défense.

J'aurais cherché un pays où le droit de législation fût commun à tous les citoyens : car qui peut mieux savoir qu'eux, sous quelles conditions il leur convient de vivre ensemble dans une même société ? Mais je n'aurais pas approuvé des plébiscites semblables à ceux des romains, où les chefs de l'état et les plus intéressés à sa conservation étaient exclus de délibérations dont souvent dépendait son salut, et où, par une absurde inconséquence, les magistrats étaient privés des droits dont jouissaient les simples citoyens.

Au contraire, j'aurais desiré que, pour
arrêter les projets intéressés et mal con-
çus, et les innovations dangereuses qui
perdirent enfin les Athéniens, chacun
n'eût pas le pouvoir de proposer de nouvelles lois à sa fantaisie; que ce droit
appartint aux seuls magistrats; qu'ils en
usassent même avec tant de circonspec-
tion, que le peuple, de son côté, fût si
réservé à donner son consentement à ces
lois, et que la promulgation ne pût s'en
faire qu'avec tant de solennité, qu'a-
vant que la constitution fût ébranlée
on eût le temps de se convaincre que
c'est surtout la grande antiquité des lois
qui les rend saintes et vénérables; que
le peuple méprise bientot celles qu'il voit
changer tous les jours, et qu'en s'accoutumant à négliger les anciens usages,
sous prétexte de faire mieux, on introduit souvent de grands maux pour en
corriger de moindres.

J'aurais fui surtout, comme nécessairement mal gouvernee, une république
où le peuple croyant pouvoir se passer de

ses magistrats, ou ne leur laisser qu'une autorité précaire, aurait imprudemment gardé l'administration des affaires civiles et l'exécution de ses propres lois: telle dut être la grossière constitution des premiers gouvernements sortant immédiatement de l'état de nature, et tel fut encore un des vices qui perdirent la république d'Athènes.

Mais j'aurais choisi celle où les particuliers se contentant de donner la sanction aux lois, et de décider en corps, et sur le rapport des chefs, les plus importantes affaires publiques, établiraient des tribunaux respectés, en distingueraient avec soin les divers départements, éliraient d'année en année les plus capables et les plus intègres de leurs concitoyens pour administrer la justice et gouverner l'état; et où la vertu des magistrats portant ainsi témoignage de la sagesse du peuple, les uns et les autres s'honoreraient mutuellement. De sorte que si jamais de funestes mal-entendus venaient à troubler la concorde publique, ces temps même d'aveuglement et d'erreurs fussent marqués par des témoignages de modération, d'estime réciproque, et d'un commun respect pour les lois; présages et garants d'une réconciliation sincère et perpétuelle.

Tels sont, MAGNIFIQUES, TRÈS-HONORÉS ET SOUVERAINS SEIGNEURS, les avantages que j'aurais recherchés dans la patrie que je me serais choisie. Que si la providence y avait ajouté de plus un situation charmante, un climat tempéré, un pays fertile et l'aspect le plus délicieux qui soit sous le ciel, je n'aurais desiré, pour combler mon bonheur, que de jouir de tous ces biens dans le sein de cette heureuse patrie, vivant paisiblement dans une douce société avec mes concitoyens, exerçant envers eux et à leur exemple, l'humanité, l'amitié et toutes les vertus, et laissant après moi l'honorable mémoire d'un homme de bien et d'un honnête et vertueux patriote.

Si, moins heureux ou trop tard sage,

je m'étais vu réduit à finir en d'autres climats une infirme et languissante carrière, regrettant inutilement le repos et la paix dont une jeunesse imprudente m'aurait privé, j'aurais du moins nourri dans mon ame ces mêmes sentimens dont je n'aurais pu faire usage dans mon pays; et, pénétré d'une affection tendre et désintéressée pour mes concitoyens éloignés, je leur aurais adressé du fond de mon cœur à peu près le discours suivant.

Mes chers concitoyens, ou plutôt, mes frères, puisque les liens du sang ainsi que les lois nous unissent presque tous; il m'est doux de ne pouvoir penser à vous, sans penser en même temps à tous les biens dont vous jouissez, et dont nul de vous peut-être ne sent mieux le prix que moi qui les ai perdus. Plus je réfléchis sur votre situation politique et civile, et moins je puis imaginer que la nature des choses humaines puisse en comporter une meilleure. Dans tous les autres gouvernemens, quand il est question d'assurer le plus grand bien de l'é-

tat, tout se borne toujours à des projets
en idées, et tout au plus à de simples
possibilités : pour vous, votre bonheur
est tout fait, il ne faut qu'en jouir ; et
vous n'avez plus besoin, pour devenir
parfaitement heureux, que de savoir
vous contenter de l'être. Votre souve-
raineté acquise ou recouvrée à la pointe
de l'épée, et conservée durant deux siècles à force de valeur et de sagesse, est
enfin pleinement et universellement reconnue. Des traités honorables fixent vos
limites, assurent vos droits et affermis-
sent votre repos. Votre constitution est
excellente, dictée par la plus sublime raison, et garantie par des puissances amies
et respectables ; votre état est tranquille ; vous n'avez ni guerres ni conquérants à craindre ; vous n'avez point d'autres maîtres que de sages lois que vous
avez faites, administrées par des magistrats intègres qui sont de votre choix ;
vous n'êtes ni assez riches pour vous
énerver par la mollesse, et perdre dans
de vaines délices le goût du vrai bon-

heur et des solides vertus, ni assez pauvres pour avoir besoin de plus de secours étrangers que ne vous en procure votre industrie ; et cette liberté précieuse, qu'on ne maintient chez les grandes nations qu'avec des impôts exorbitants, ne vous coûte presque rien à conserver.

Puisse durer toujours, pour le bonheur de ses citoyens et l'exemple des peuples, une république si sagement et si heureusement constituée ! Voilà le seul vœu qui vous reste à faire, et le seul soin qui vous reste à prendre. C'est à vous seuls désormais, non à faire votre bonheur, vos ancêtres vous en ont évité la peine, mais à le rendre durable par la sagesse d'en bien user. C'est de votre union perpétuelle, de votre obéissance aux lois, de votre respect pour leurs ministres que dépend votre conservation. S'il reste parmi vous le moindre germe d'aigreur ou de défiance, hâtez-vous de le détruire, comme un levain funeste d'où résulteraient tôt ou tard vos mal heurs et la ruine de l'état. Je vous conjure de rentrer tous au fond de votre cœur, et de consulter la voix secrète de votre conscience. Quelqu'un parmi vous connaît-il dans l'univers un corps plus intègre, plus éclairé, plus respectable que celui de votre magistrature? Tous ses membres ne vous donnent-ils pas l'exemple de la modération, de la simplicité de mœurs, du respect pour les lois, et de la plus sincère réconciliation? Rendez donc sans réserve à de si sages chefs cette salutaire confiance que la raison doit à la vertu; songez qu'ils sont de votre choix, qu'ils le justifient, et que les honneurs dus à ceux que vous avez constitués en dignité, retombent nécessairement sur vous-mêmes. Nul de vous n'est assez peu éclairé pour ignorer qu'où cessent la rigueur des lois et l'autorité de leurs défenseurs, il ne peut y avoir ni sûreté ni liberté pour personne. De quoi s'agit-il donc entre vous, que de faire de bon cœur et avec une juste confiance, ce que vous seriez toujours

obligés de faire par un véritable intérêt,
par devoir et pour la raison ? Qu'une
coupable et funeste indifférence pour le
maintien de la constitution, ne vous
fasse jamais négliger au besoin les sages
avis des plus éclairés et des plus zélés
d'entre vous : mais que l'équité, la modération, la plus respectueuse fermeté
continuent de régler toutes vos démar-
ches, et de montrer en vous à tout l'univers l'exemple d'un peuple fier et modeste, aussi jaloux de sa gloire que de sa
liberté. Gardez-vous surtout, et ce sera
mon dernier conseil, d'écouter jamais
des interprétations sinistres et des discours envenimés, dont les motifs secrets
sont souvent plus dangereux que les actions qui en sont l'objet. Toute une maison s'éveille et se tient en alarmes aux
premiers cris d'un bon et fidèle gardien
qui n'aboie jamais qu'à l'approche des
voleurs ; mais on hait l'importunité de
ces animaux bruyants qui troublent sans
cesse le repos public, et dont les avertis-
sements continuels et déplacés ne se font

pas même écouter au moment qu'ils sont nécessaires.

Et vous, MAGNIFIQUES ET TRÈS-HONORÉS SEIGNEURS, vous, dignes et respectables magistrats d'un peuple libre, permettez-moi de vous offrir en particulier mes hommages et mes devoirs. S'il y a dans le monde un rang propre à illustrer ceux qui l'occupent, c'est sans doute celui que donnent les talents et la vertu, celui dont vous vous êtes rendus dignes, et auquel vos concitoyens vous ont élevés. Leur propre mérite ajoute encore au vôtre un nouvel éclat ; et choisis, par des hommes capables d'en gouverner d'autres, pour les gouverner eux-mêmes, je vous trouve autant au dessus des autres magistrats, qu'un peuple libre, et surtout celui que vous avez l'honneur de conduire, est par ses lumières et par sa raison au dessus de la populace des autres états.

Qu'il me soit permis de citer un exemple dont il devrait rester de meilleures traces, et qui sera toujours présent à mon cœur. Je ne me rappelle point, sans la plus douce émotion, la mémoire du vertueux citoyen de qui j'ai reçu le jour, et qui souvent entretint mon enfance du respect qui vous était dû. Je le vois encore, vivant du travail de ses mains, et nourrissant son ame des vérités les plus sublimes. Je vois Tacite, Plutarque et Grotius, mêlés devant lui avec les instruments de son métier. Je vois à ses côtés un fils chéri, recevant avec trop peu de fruit les tendres instructions du meilleur des pères. Mais si les égarements d'une folle jeunesse me firent oublier, durant un temps, de si sages leçons, j'ai le bonheur d'éprouver enfin que, quelque penchant qu'on ait vers le vice, il est difficile qu'une éducation dont le cœur se mêle reste perdue pour toujours

Tels sont, MAGNIFIQUES ET TRÈS-HONORÉS SEIGNEURS, les citoyens et même les simples habitants nés dans l'état que vous gouvernez ; tels sont ces hommes instruits et sensés dont, sous le nom d'ouvriers et de peuple, on a, chez les autres nations, des idées si basses et si fausses. Mon père, je l'avoue avec joie, n'était point distingué parmi ses concitoyens, il n'était que ce qu'ils sont tous; et tel qu'il était, il n'y a point de pays où sa société n'eût été recherchée, cultivée, et même avec fruit, par les plus honnêtes gens. Il ne m'appartient pas, et, graces au ciel, il n'est pas nécessaire de vous parler des égards que peuvent attendre de vous des hommes de cette trempe, vos égaux par l'éducation, ainsi que par les droits de la nature et de la naisssance, vos inférieurs par leur volonté, par la préférence qu'ils devaient à votre mérite, qu'ils lui ont accordée, et pour laquelle vous leur devez à votre tour une sorte de reconnaissance. J'apprends avec une vive satisfaction de combien de douceur et de condescendance vous tempérez avec eux la gravité convenable aux ministres des lois; combien vous leur rendez en estime et en attentions ce qu'ils vous doivent d'obéissance

et de respects : conduite pleine de justice et de sagesse, propre à éloigner de
plus en plus la mémoire des événements
malheureux qu'il faut oublier pour ne les
revoir jamais : conduite d'autant plus
judicieuse, que ce peuple équitable et
généreux se fait un plaisir de son devoir,
qu'il aime naturellement à vous honorer,
et que les plus ardents à soutenir leurs
droits, sont les plus portés à respecter
les vôtres.

Il ne doit pas être étonnant que les
chefs d'une société civile en aiment la
gloire et le bonheur : mais il l'est trop
pour le repos des hommes, que ceux qui
se regardent comme les magistrats, ou
plutôt comme les maîtres d'une patrie
plus sainte et plus sublime, témoignent
quelque amour pour la patrie terrestre
qui les nourrit. Qu'il m'est doux de pouvoir faire en notre faveur une exception
si rare, et placer au rang de nos meilleurs citoyens, ces zélés dépositaires des
dogmes sacrés autorisés par les lois, ces
vénérables pasteurs des ames, dont la

vive et douce éloquence porte d'autant
mieux dans les cœurs les maximes de
l'évangile, qu'ils commencent toujours
par les pratiquer eux-mêmes ! Tout le
monde sait avec quel succès le grand art
de la chaire est cultivé à Genève. Mais,
trop accoutumés à voir dire d'une manière et faire d'une autre, peu de gens
savent jusqu'à quel point l'esprit du
christianisme, la sainteté des mœurs, la
sévérité pour soi-même et la douceur
pour autrui, regnent dans le corps de
nos ministres. Peut-être appartient-il à la
seule ville de Genève de montrer l'exemple édifiant d'une aussi parfaite union
entre une société de théologiens et de
gens de lettres : c'est en grande partie
sur leur sagesse et leur modération re-
connues, c'est sur leur zèle pour la prospérité de l'état, que je fonde l'espoir d
son éternelle tranquillité ; et je remarque avec un plaisir mêlé d'étonnement
et de respect, combien ils ont d'horreur pour les affreuses maximes de c
hommes sacrés et barbares dont l'hi-

toire fournit plus d'un exemple, et qui, pour soutenir les prétendus droits de Dieu, c'est-à-dire, leurs intérêts, étaient d'autant moins avares du sang humain, qu'ils se flattaient que le leur serait toujours respecté.

Pourrais-je oublier cette précieuse moitié de la république qui fait le bonheur de l'autre, et dont la douceur et la sagesse y maintiennent la paix et les bonnes mœurs ? Aimables et vertueuses citoyennes, le sort de votre sexe sera toujours de gouverner le nôtre. Heureux quand votre chaste pouvoir, exercé seulement dans l'union conjugale, ne se fait sentir que pour la gloire de l'état et le bonheur public ! C'est ainsi que les femmes commandaient à Sparte, et c'est ainsi que vous méritez de commander à Genève. Quel homme barbare pourrait résister à la voix de l'honneur et de la raison dans la bouche d'une tendre épouse ? et qui ne mépriserait un vain luxe, en voyant votre simple et modeste parure qui, par l'éclat qu'elle tient de vous,

semble être la plus favorable à la beauté?
C'est à vous de maintenir toujours, par
votre aimable et innocent empire et par
votre esprit insinuant, l'amour des lois
dans l'état et la concorde parmi les citoyens; de réunir, par d'heureux mariages, les familles divisées; et surtout
de corriger, par la persuasive douceur
de vos leçons et par les graces modes-
tes de votre entretien, les travers que
nos jeunes gens vont prendre en d'autres
pays, d'où, au lieu de tant de choses
utiles dont ils pourraient profiter, ils
ne rapportent, avec un ton puérile et
des airs ridicules pris parmi des femmes
perdues, que l'admiration de je ne sais
quelles prétendues grandeurs, frivoles
dédommagements de la servitude, qui
ne vaudront jamais l'auguste liberté.
Soyez donc toujours ce que vous êtes,
les chastes gardiennes des mœurs et les
doux liens de la paix, et continuez de
faire valoir en toute occasion les droits
du cœur et de la nature, au profit du
devoir et de la vertu.

Je me flatte de n'être point démenti par l'événement, en fondant sur de tels garants l'espoir du bonheur commun des citoyens et de la gloire de la république. J'avoue qu'avec tous ces avantages, elle ne brillera pas de cet éclat dont la plupart des yeux sont éblouis, et dont le puérile et funeste goût est le plus mortel ennemi du bonheur et de la liberté. Qu'une jeunesse dissolue aille chercher ailleurs des plaisirs faciles et de longs repentirs. Que les prétendus gens de goût admirent en d'autres lieux la grandeur des palais, la beauté des équipages, les superbes ameublements, la pompe des spectacles, et tous les rafinements de la mollesse et du luxe. A Genève on ne trouvera que des hmomes; mais pourtant un tel spectacle a bien son prix, et ceux qui le rechercheront vaudront bien les admirateurs du reste.

Daignez, MAGNIFIQUES, TRÈS-HONORÉS ET SOUVERAINS SEIGNEURS, recevoir tous, avec la même bonté, les respectueux témoignages de l'intérêt que

je prends à votre prospérité commune.
Si j'étais assez malheureux pour être
coupable de quelque transport indiscret
dans cette vive effusion de mon cœur,
je vous supplie de le pardonner à la tendre affection d'un vrai patriote, et au
zèle ardent et légitime d'un homme qui
n'envisage point de plus grand bonheur
pour lui-même que celui de vous voir
tous heureux.

Je suis avec le plus profond respect,

MAGNIFIQUES, TRÈS - HONORÉS, ET
SOUVERAINS SEIGNEURS,

Votre très-humble et très-obéissant
serviteur et concitoyen,

J. J. ROUSSEAU.

À Chambéri, le 12 juin 1754.

PRÉFACE.

LA plus utile et la moins avancée de toutes les connaissances humaines me paraît être celle de l'homme [2]; et j'ose dire que la seule inscription du temple de Delphes contenait un précepte plus important et plus difficile que tous les gros livres des moralistes. Aussi, je regarde le sujet de ce discours comme une des questions les plus intéressantes que la philosophie puisse proposer, et, malheureusement pour nous, comme une des plus épineuses que les philosophes puissent résoudre. Car comment connaître la source de l'inégalité parmi les hommes, si l'on ne commence par les connaître eux-mêmes? Et comment l'homme viendra-t-il à bout de se voir tel que l'a formé la nature, à travers tous les changements que la suc-

cession des temps et des choses a dû produire dans sa constitution originelle, et
de démêler ce qu'il tient de son propre
fonds, d'avec ce que les circonstances et
ses progrès ont ajouté ou changé à son
état primitif ? Semblable à la statue de
Glaucus que le temps, la mer et les ora-
ges avaient tellement défigurée, qu'elle
ressemblait moins à un dieu qu'à une bête
féroce, l'ame humaine, altérée au sein de
la société par mille causes sans cesse re-
naissantes, par l'acquisition d'une multitude de connaissances et d'erreurs, par les
changemens arrivés à la constitution des
corps, et par le choc continuel des passions, a, pour ainsi dire, changé d'apparence au point d'être presque méconnais-
sable; et l'on n'y retrouve plus, au lieu d'un
être agissant toujours par des principes
certains et invariables, au lieu de cette
céleste et majestueuse simplicité dont son

auteur l'avait empreinte, que le difforme contraste de la passion qui croit raisonner, et de l'entendement en délire.

Ce qu'il y a de plus cruel encore, c'est que tous les progrès de l'espèce humaine l'éloignant sans cesse de son état primitif, plus nous accumulons de nouvelles connaissances, et plus nous nous ôtons les moyens d'acquérir la plus importante de toutes, et que c'est en un sens à force d'étudier l'homme, que nous nous sommes mis hors d'état de le connaitre.

Il est aisé de voir que c'est dans ces changements successifs de la constitution humaine, qu'il faut chercher la première origine des différences qui distinguent les hommes, lesquels, d'un commun aveu, sont naturellement aussi égaux entr'eux que l'étaient les animaux de chaque espèce, avant que diverses causes physiques eussent introduit dans quelques-unes les

variétés que nous y remarquons. En effet,
il n'est a s concevable que ces premiers
changements, par quelque moyen qu'ils
soient arrivés, aient altéré tout à-la-fois,
et de la même manière tous les individus
de l'espèce ; mais les uns s'étant perfec-
tionnés ou détériorés, et ayant acquis diverses qualités, bonnes ou mauvaises, qui
n'étaient point inhérentes à leur nature,
les autres restèrent plus longtemps dans
leur état originel ; et telle fut parmi les
hommes la première source de l'inégalité,
qu'il est plus aisé de démontrer ainsi en
général, que d'en assigner avec précision
les véritables causes.

Que mes lecteurs ne s'imaginent donc
pas que j'ose me flatter d'avoir vu ce qui
me paraît si difficile à voir. J'ai commencé
quelques raisonnements, j'ai hasardé quelques conjectures, moins dans l'espoir de
résoudre la question, que dans l'intention

de l'éclaircir et de la réduire à son véritable état. D'autres pourront aisément aller plus loin dans la même route, sans qu'il soit facile à personne d'arriver au terme ; car ce n'est pas une légère entreprise de démêler ce qu'il y a d'originaire et d'artificiel dans la nature actuelle de l'homme, et de bien connaître un état qui n'existe plus, qui n'a peut-être point existé, qui probablement n'existera jamais, et dont il est pourtant nécessaire d'avoir des notions justes pour bien juger de notre état présent. Il faudrait même plus de philosophie qu'on ne pense à celui qui entreprendrait de déterminer exactement les précautions à prendre pour faire sur ce sujet de solides observations ; et une bonne solution du problême suivant ne me paraîtrait pas indigne des Aristotes et des Plines de notre siècle : *Quelles expériences seraient nécessaires pour parvenir à connaître l'hom-*

me naturel; et quels sont les moyens de faire ces expériences au sein de la société? Loin d'entreprendre de résoudre ce problème, je crois en avoir assez médité le sujet pour oser répondre d'avance que les plus grands philosophes ne seront pas trop bons pour diriger ces expériences, ni les plus puissants souverains pour les faire : concours auquel il n'est guère raisonnable de s'attendre, surtout avec la persévérance, ou plutôt la succession de lumières et de bonne volonté nécessaire de part et d'autre pour arriver au succès.

Ces recherches si difficiles à faire, et auxquelles on a si peu songé jusqu'ici, sont pourtant les seuls moyens qui nous restent de lever une multitude de difficultés qui nous dérobent la connaissance des fondements réels de la société humaine. C'est cette ignorance de la nature de l'homme qui jette tant d'incertitude et d'obscurité sur la véritable définition du droit naturel : car l'idée du droit, dit M. Burlamaqui, et plus encore celle du droit naturel, sont manifestement des idées relatives à la nature de l'homme. C'est donc de cette nature même de l'homme, continue-t-il, de sa constitution et de son état, qu'il faut déduire les principes de cette science.

Ce n'est point sans surprise et sans scandale qu'on remarque le peu d'accord qui règne sur cette importante matière entre les divers auteurs qui en ont traité. Parmi les plus graves écrivains, à peine en trouve-t-on deux qui soient du même avis sur ce point. Sans parler des anciens philosophes qui semblent avoir pris à tâche de se contredire entr'eux sur les principes les plus fondamentaux, les jurisconsultes romains assujettissent indifférem-ment l'homme et tous les autres animaux à la même loi naturelle, parce qu'ils considèrent plutôt sous ce nom la loi que la nature s'impose à elle-même, que celle qu'elle prescrit, ou plutôt à cause de l'acception particulière selon laquelle ces jurisconsultes entendent le mot de loi, qu'ils semblent n'avoir pris en cette occasion que pour l'expression des rapports généraux établis par la nature entre tous les êtres animés, pour leur commune conservation. Les modernes, ne reconnaissant sous le nom de loi qu'une règle prescrite à un être moral, c'est-à-dire, intelligent, libre, et considéré dans ses rapports avec d'autres êtres, bornent conséquemment au seul animal doué de raison, c'est-à-dire, à l'homme, la compétence de la loi naturelle; mais définissant cette loi chacun à sa mode, ils l'établissent tous sur des principes si métaphysiques, qu'il y a, même parmi nous, bien peu de gens en état de comprendre ces principes, loin de pouvoir les trouver d'eux-mêmes. De sorte que toutes les définitions de ces savants hommes, d'ailleurs en perpétuelle contradiction entr'elles, s'accordent seulement en ceci, qu'il est impossible d'entendre la loi de nature, et par conséquent d'y obéir, sans être un très-grand raisonneur et un profond métaphysicien. Ce qui signifie précisément que les hommes ont dû employer pour l'établissement de la société, des lumières qui ne se développent qu'avec beaucoup de peine, et pour fort peu de gens, dans le sein de la société même.

Connaissant si peu la nature et s'accordant si mal sur le sens du mot loi, il serait bien difficile de convenir d'une bonne définition de la loi naturelle. Aussi toutes celles qu'on trouve dans les livres, outre le défaut de n'être point uniformes, ont-elles encore celui d'être tirées de plusieurs connaissances que les hommes n'ont point naturellement, et des avantages dont ils ne peuvent concevoir l'idée qu'après être sortis de l'état de nature. On commence par rechercher les règles dont, pour l'utilité commune, il serait à propos que les hommes convinssent entre eux ; et puis on donne le nom de loi naturelle à la collection de ces règles, sans autre preuve que le bien qu'on trouve qui résulterait de leur pratique universelle. Voilà assurément une manière très-commode de composer des définitions, et d'expliquer la nature des choses par des convenances presque arbitraires.

Mais, tant que nous ne connaîtrons point l'homme naturel, c'est en vain que nous voudrons déterminer la loi qu'il a reçue, ou celle qui convient le mieux à sa constitution. Tout ce que nous pouvons voir très-clairement au sujet de cette loi, c'est que non-seulement, pour qu'elle soit loi, il faut que la volonté de celui qu'elle oblige puisse s'y soumettre avec connaissance, mais qu'il faut encore, pour qu'elle soit naturelle, qu'elle parle immédiatement par la voix de la nature.

Laissant donc tous les livres scientifiques qui ne nous apprennent qu'à voir les hommes tels qu'ils se sont faits, et méditant sur les premières et plus simples opérations de l'ame humaine, j'y crois apercevoir deux principes antérieurs à la raison, dont l'un nous intéresse ardemment à notre bien-être et à la conservation de nous-mêmes, et l'autre nous inspire une répugnance naturelle à voir périr ou souffrir tout être sensible, et principalement nos semblables. C'est du concours et de la combinaison que notre esprit est en état de faire de ces deux principes, sans qu'il soit nécessaire d'y faire entrer celui de la sociabilité, que me paraissent découler toutes les règles du droit naturel ; règles que la raison est ensuite forcée de rétablir sur d'autres fondements, quand par ses développements successifs elle est venue à bout d'étouffer la nature.

De cette manière, on n'est point obligé de faire de l'homme un philosophe avant que d'en faire un homme ; ses devoirs envers autrui ne lui sont pas uniquement dictés par les tardives leçons de la sagesse ; et tant qu'il ne résistera point à l'impulsion intérieure de la commisération, il ne fera jamais du mal à un autre homme, ni même à aucun être sensible, excepté dans le cas légitime où, sa conservation se trouvant intéressée, il est obligé de se donner la préférence à lui-même. Par ce moyen, on termine aussi les anciennes disputes sur la participation des animaux à la loi naturelle ; car il est clair que, dépourvus de lumières et de liberté, ils ne peuvent reconnaître cette loi; mais, tenant en quelque chose à notre nature par la sensibilité dont ils sont doués, on jugera qu'ils doivent aussi participer au droit naturel, et que l'homme est assujetti envers eux à quelque espèce de devoirs. Il semble, en effet, que si je suis obligé de ne faire aucun mal à mon semblable, c'est moins parce qu'il est un être raisonnable, que parce qu'il est un être sensible; qualité qui, étant commune à la bête et à l'homme, doit au moins donner à l'une le droit de n'être point maltraitée inutilement par l'autre.

Cette même étude de l'homme originel, de ses vrais besoins, et des principes fondamentaux de ses devoirs, est encore le seul bon moyen qu'on puisse employer pour lever ces foules de difficultés qui se présentent sur l'origine de l'inégalité morale, sur les vrais fondements du corps politique, sur les droits réciproques de ses membres, et sur mille autres questions semblables, aussi importantes que mal éclaircies.

En considérant la société humaine d'un regard tranquille et désintéressé, elle ne semble d'abord montrer que la violence des hommes puissants et l'oppression des faibles : l'esprit se révolte contre la dureté des uns ; on est porté à déplorer l'aveuglement des autres ; et comme rien n'est moins stable parmi les hommes que ces relations extérieures que le hasard produit plus souvent que la sagesse, et que l'on appelle faiblesse ou puissance, richesse ou pauvreté, les établissements humains paraissent au premier coup-d'œil fondés sur des monceaux de sable mouvant : ce n'est qu'en les examinant de près, ce n'est qu'après avoir écarté la poussière et le sable qui environnent l'édifice, qu'on aperçoit la base inébranlable sur laquelle il est élevé, et qu'on apprend à en respecter les fondements. Or, sans l'étude sérieuse de l'homme, de ses facultés naturelles, et de leurs développements successifs, on ne viendra jamais à bout de faire ces distinctions, et de séparer, dans l'actuelle constitution des choses, ce qu'a fait la volonté divine, d'avec ce que l'art humain a prétendu faire. Les recherches politiques et morales auxquelles donne lieu l'importante question que j'examine sont donc utiles de toutes manières; et l'histoire hypothétique des gouvernements est pour l'homme une leçon instructive à tous égards. En considérant ce que nous serions devenus abandonnés à nous-mêmes, nous devons apprendre à bénir celui dont la main bienfaisante, corrigeant nos institutions et leur donnant une assiette iné-

branlable, a prévenu les désordres qui devraient en résulter, et fait naître notre
bonheur des moyens qui semblaient devoir
combler notre misére.

> *Quem te Deus esse*
> *Jussit, et humaná quâ parte locatus es in re ,*
> *Disce.*

AVERTISSEMENT
SUR LES NOTES.

J'ai ajouté quelques notes à cet ouvrage, selon ma coutume paresseuse de travailler à bâton rompu. Ces notes s'écartent quelquefois assez du sujet, pour n'être pas bonnes à lire avec le texte. Je les ai donc rejetées à la fin du discours, dans lequel j'ai tâché de suivre de mon mieux le plus droit chemin. Ceux qui auront le courage de recommencer, pourront s'amuser la seconde fois à battre les buissons, et tenter de parcourir les notes: il y aura peu de mal que les autres ne les lisent point du tout.

QUESTION

PROPOSÉE PAR L'ACADÉMIE
DE DIJON:

Quelle est l'origine de l'inégalité parmi les hommes, et si elle est autorisée par la loi naturelle ?

DISCOURS

SUR

L'ORIGINE ET LES FONDEMENS

DE L'INÉGALITÉ

PARMI LES HOMMES.

C'EST de l'homme que j'ai à parler, et la question que j'examine m'apprend que je vais parler à des hommes ; car on n'en propose point de semblables quand on craint d'honorer la vérité. Je défendrai donc avec confiance la cause de l'humanité devant les sages qui m'y invitent, et je ne serai pas mécontent de moi-même si je me rends digne de mon sujet et de mes juges.

Je conçois dans l'espèce humaine deux sortes d'inégalité ; l'une que j'appelle naturelle ou physique, parcequ'elle est établie par la nature, et qui consiste dans la différence des âges, de la santé, des forces du corps, et des qualités de l'esprit ou de l'ame ; l'autre, qu'on peut appeler inégalité morale ou politique, parcequ'elle dépend d'une sorte de convention, et qu'elle est établie, ou du moins autorisée par le consentement des hommes. Celle-ci consiste dans les différents priviléges dont quelques-uns jouissent au préjudice des autres, comme d'être plus riches, plus honorés, plus puissants qu'eux, ou même de s'en faire obéir.

On ne peut pas demander quelle est la source de l'inégalité naturelle, parceque la réponse se trouverait énoncée dans la simple définition du mot. On peut encore moins chercher s'il n'y aurait point quelque liaison essentielle entre les deux inégalités ; car ce serait demander, en d'autres termes, si ceux qui commandent valent nécessairement mieux que ceux qui obéissent, et si la force du corps ou de l'esprit, la sagesse ou la vertu, se trouvent toujours dans les mêmes individus en proportion de la puissance ou de la richesse : question bonne, peut-être, à agiter entre des esclaves entendus de leurs maîtres, mais qui ne convient pas à des hommes raisonnables et libres qui cherchent la vérité.

De quoi s'agit-il donc précisément dans ce discours ? De marquer dans le progrès des choses le moment où, le droit succédant à la violence, la nature fut soumise à la loi ; d'expliquer par quel enchaînement de prodiges le fort put se résoudre à servir le faible, et le peuple à acheter un repos en idée au prix d'une félicité réelle.

Les philosophes qui ont examiné les fondements de la société ont tous senti la nécessité de remonter jusqu'à l'état de nature, mais aucun d'eux n'y est arrivé. Les uns n'ont point balancé à supposer à l'homme dans cet état la notion du juste et de l'injuste, sans se soucier de montrer qu'il dût avoir cette notion, ni même qu'elle lui fût utile. D'autres ont parlé du droit naturel que chacun a de conserver ce qui lui appartient, sans expliquer ce qu'ils entendaient par appartenir. D'autres, donnant d'abord au plus fort l'autorité sur le plus faible, ont aussitôt fait naître le gouvernement, sans songer au temps qui dut s'écouler avant que le sens des mots d'autorité et de gouvernement pût exister parmi les hommes. Enfin tous, parlant sans cesse de besoins, d'avidité, d'oppression, de desirs et d'orgueil, ont transporté à l'état de nature des idées qu'ils avaient prises dans la société; ils parlaient de l'homme sauvage, et ils peignaient l'homme civil. Il n'est pas même venu dans l'esprit de la plupart des nôtres, de douter que l'état de nature eût existé, tandis qu'il est évident, par la lecture des livres sacrés, que le premier homme ayant reçu immédiatement de Dieu des lumières et des préceptes, n'était point lui-même dans cet état, et qu'en ajoutant aux écrits de Moïse la foi que leur doit tout philosophe chrétien, il faut nier que, même avant le déluge, les hommes se soient jamais trouvés dans le pur état de nature, à moins qu'ils n'y soient retombés par quelque événement extraordinaire : paradoxe fort embarrassant à défendre, et tout-à-fait impossible à prouver.

Commençons donc par écarter tous les faits, car ils ne touchent point à la question. Il ne faut pas prendre les recherches dans lesquelles on peut entrer sur ce sujet pour des vérités historiques, mais seulement pour des raisonnements hypothétiques et conditionnels, plus propres à éclaircir la nature des choses qu'à en montrer la véritable origine, et semblables à ceux que font tous les jours nos physiciens sur la formation du monde. La religion nous ordonne de croire que Dieu lui-même ayant tiré les hommes de l'état de nature immédiatement après la création, ils sont inégaux parcequ'il a voulu qu'ils le fussent; mais elle ne nous défend pas de former des conjectures tirées de la seule nature de l'homme et des êtres qui l'environnent, sur ce qu'aurait pu devenir le genre humain s'il fût resté abandonné à lui-même. Voilà ce qu'on me demande, et ce que je me propose d'examiner dans ce discours. Mon sujet intéressant l'homme en général, je tâcherai de prendre un langage qui convienne à toutes les nations; ou plutôt, oubliant le temps et les lieux pour ne songer qu'aux hommes à qui je parle, je me supposerai dans le lycée d'Athènes, répétant les leçons de mes maîtres, ayant les Platons et les Xénocrates pour juges, et le genre humain pour auditeur.

O homme! de quelque contrée que tu sois, quelles que soient tes opinions, écoute: voici ton histoire telle que j'ai cru la lire, non dans les livres de tes semblables qui sont menteurs, mais dans la nature qui ne ment jamais. Tout ce qui sera d'elle sera vrai : il n'y aura de faux que ce que j'y aurai mêlé du mien sans le vouloir. Les temps dont je vais parler sont bien éloignés : combien tu as changé de ce que tu étais ! C'est, pour ainsi dire, la vie de ton espèce que je te vais décrire d'après les qualités que tu as reçues, que ton éducation et tes habitudes ont pu dépraver, mais qu'elles n'ont pu détruire. Il y a, je le sens, un âge auquel l'homme individuel voudrait s'arrêter ; tu chercheras l'âge auquel tu desirerais que ton espèce se fût arrêtée. Mécontent de ton état présent, par des raisons qui annoncent à la postérité malheureuse de plus grands mécontentements encore, peut-être voudrais-tu pouvoir rétrograder ; et ce sentiment doit faire l'éloge de tes premiers aïeux, la critique de tes contemporains, et l'effroi de ceux qui auront le malheur de vivre après toi.

PREMIÈRE PARTIE.

QUELQUE important qu'il soit, pour bien juger de l'état naturel de l'homme, de le considérer dès son origine, et de l'examiner, pour ainsi dire, dans le premier embryon de l'espèce, je ne suivrai point son organisation à travers ses développements successifs : je ne m'arrêterai pas à rechercher dans le système animal ce qu'il put être au commencement, pour devenir enfin ce qu'il est. Je n'examinerai pas si, comme le pense Aristote, ses ongles alongés ne furent point d'abord des griffes crochues ; s'il n'était point velu comme un ours ; et si, marchant à quatre pieds [3], ses regards dirigés vers la terre, et bornés à un horizon de quelques pas, ne marquaient point à la fois le caractère et les limites de ses idées. Je ne pourrais former sur ce sujet que des conjectures vagues, et presque imaginaires. L'anatomie comqparée a fait encore trop peu de progrès, les observations des naturalistes sont encore trop incertaines, pour qu'on puisse établir sur de pareils fondements la base d'un raisonnement solide. Ainsi, sans avoir recours aux connaissances surnaturelles que nous avons sur ce point, et sans avoir égard aux changements qui ont dû survenir dans la conformation, tant intérieure qu'extérieure de l'homme, à mesure qu'il appliquait ses membres à de nouveaux usages et qu'il se nourrissait de nouveaux aliments, je le supposerai conformé de tout temps comme je le vois aujourd'hui, marchant à deux pieds, se servant de ses mains comme nous faisons des nôtres, portant ses regards sur toute la nature, et mesurant des yeux la vaste étendue du ciel.

En dépouillant cet être ainsi constitué de tous les dons surnaturels qu'il a pu recevoir, et de toutes les facultés artificielles qu'il n'a pu acquérir que par de longs progrès ; en le considérant, en un mot, tel qu'il a dû sortir des mains de la nature, je vois un animal moins fort que les uns, moins agile que les autres, mais, à tout prendre, organisé le plus avantageusement de tous : je le vois se rassasiant sous un chêne, se désaltérant au premier ruisseau, trouvant son lit au pied du même arbre qui lui a fourni son repas, et voilà ses besoins satisfaits.

La terre abandonnée à sa fertilité naturelle, et couverte de forêts immenses que la cognée ne mutila jamais, offre à chaque pas des magasins et des retraites aux animaux de toute espèce. Les hommes dispersés parmi eux observent, imitent leur industrie, et s'élèvent ainsi jusqu'à l'instinct des bêtes, avec cet avantage que chaque espèce n'a que le sien propre, et que l'homme n'en ayant peut-être aucun qui lui appartienne, se les approprie tous, se nourrit également de la plupart des aliments divers que les autres animaux se partagent, et trouve par conséquent sa subsistance plus aisément que ne peut faire aucun d'eux.

Accoutumés dès l'enfance aux intempéries de l'air et à la rigueur des saisons, exercés à la fatigue, et forcés de défendre nus et sans armes leur vie et leur proie contre les autres bêtes féroces, ou de leur échapper à la course, les hommes se forment un tempérament robuste et presque inaltérable ; les enfants apportant au monde l'excellente constitution de leurs pères, et la fortifiant par les mêmes exercices qui l'ont produite, acquièrent ainsi toute la vigueur dont l'espèce humaine est capable. La nature en use précisément avec eux comme la loi de Sparte avec les enfants des citoyens ; elle rend forts et robustes ceux qui sont bien constitués, et fait périr tous les autres : différente en cela de nos sociétés, où l'état, en rendant les enfants onéreux aux pères, les tue indistinctement avant leur naissance.

Le corps de l'homme sauvage étant le seul instrument qu'il connaisse, il l'emploie à divers usages, dont, par le défaut d'exercice, les nôtres sont incapables ; et c'est notre industrie qui nous ôte la force et l'agilité que la nécessité l'oblige d'acquérir. S'il avait eu une hache, son poignet romprait-il de si fortes branches ? S'il avait eu une fronde, lancerait-il de la main une pierre avec tant de roideur ? S'il avait eu une échelle, grimperait-il si légèrement sur un arbre ? S'il avait eu un cheval, serait-il si vite à la course ? Laissez à l'homme civilisé le temps de rassembler toutes ses machines autour de lui, on ne peut douter qu'il ne surmonte facilement l'homme sauvage ; mais si vous voulez voir un combat plus inégal encore, mettez-les nus et désarmés vis-à-vis l'un de l'autre, et vous reconnaîtrez bientôt quel est l'avantage d'avoir sans cesse toutes ses forces à sa disposition, d'être toujours prêt à tout événement,

et de se porter, pour ainsi dire, toujours tout entier avec soi 6.

Hobbes prétend que l'homme est naturellement intrépide, et ne cherche
qu'à attaquer et combattre. Un philosophe illustre pense au contraire, et
Cumberland et Pufendorff l'assurent
aussi, que rien n'est si timide que l'homme dans l'état de nature, et qu'il est
toujours tremblant et prêt à fuir au
moindre bruit qui le frappe, au moindre mouvement qu'il aperçoit. Cela peut
être ainsi pour les objets qu'il ne connait pas; et je ne doute point qu'il ne
soit effrayé par tous les nouveaux spectacles qui s'offrent à lui, toutes les fois
qu'il ne peut distinguer le bien et le mal
physiques qu'il en doit attendre, ni comparer ses forces avec les dangers qu'il
a à courir : circonstances rares dans l'é-
tat de nature, où toutes choses marchent d'une manière si uniforme, et où
la face de la terre n'est point sujette à
ces changements brusques et continuels

I.   6

qu'y causent les passions et l'inconstance des peuples réunis. Mais l'homme sauvage vivant dispersé parmi les animaux, et se trouvant de bonne heure dans le cas de se mesurer avec eux, il en fait bientôt la comparaison, et, sentant qu'il les surpasse plus en adresse qu'ils ne le surpassent en force, il apprend à ne les plus craindre. Mettez un ours o un loup aux prises avec un sauvage robuste, agile, courageux comme ils le sont tous, armé de pierres et d'un bon bâton, et vous verrez que le péril sera tout au moins réciproque, et qu'après plusieurs expériences pareilles, les bêtes féroces qui n'aiment point à s'attaquer l'une à l'autre, s'attaqueront peu volontiers à l'homme qu'elles auront trouvé tout aussi féroce qu'elles. A l'égard des animaux qui ont réellement plus de force qu'il n'a d'adresse, il est vis-à-vis d'eux, dans le cas des autres espèces plus faibles qui ne laissent pas de subsister; avec cet avantage pour l'homme, que, non moins dispos qu'eux à la course, et trouvant sur les arbres un refuge presque assuré, il a partout le prendre et le laisser dans la rencontre, et le choix de la fuite ou du combat. Ajoutons qu'il ne paraît pas qu'aucun animal fasse naturellement la guerre à l'homme, hors le cas de sa propre défense ou d'une extrême faim, ni témoigne contre lui de ces violentes antipathies qui semblent annoncer qu'une espèce est destinée par la nature à servir de pâture à l'autre.

Voilà sans doute les raisons pourquoi les nègres et les sauvages se mettent si peu en peine des bêtes féroces qu'ils peuvent rencontrer dans les bois. Les caraïbes de Venezuela vivent, entr'autres, à cet égard, dans la plus profonde sécurité et sans le moindre inconvénient. Quoiqu'ils soient presque nus, dit François Corréal, ils ne laissent pas de s'exposer hardiment dans les bois, armés seulement de la flèche et de l'arc; mais on n'a jamais ouï dire qu'aucun d'eux ait été dévoré des bêtes.

D'autres ennemis plus redoutables, et dont l'homme n'a pas les mêmes moyens de se défendre, sont les infirmités naturelles, l'enfance, la vieillesse et les maladies de toute espèce ; tristes signes de notre faiblesse, dont les deux premiers sont communs à tous les animaux, et dont le dernier appartient principalement à l'homme vivant en société. J'observe même, au sujet de l'enfance, que la mère portant partout son enfant avec elle, a beaucoup plus de facilité à le nourrir que n'ont les femelles de plusieurs animaux, qui sont forcées d'aller et venir sans cesse avec beaucoup de fatigue, d'un côté pour chercher leur pâture, et de l'autre pour allaiter ou nourrir leurs petits. Il est vrai que si la femme vient à périr, l'enfant risque fort de périr avec elle ; mais ce danger est commun à cent autres espèces, dont les petits ne sont de longtemps en état d'aller chercher eux-mêmes leur nourriture ; et si l'enfance est plus longue parmi nous, la vie étant plus longue aussi, tout est encore à-peu-près égal en ce point [7], quoiqu'il y ait sur la durée du premier âge, et sur le nombre des petits [8], d'autres règles qui ne sont pas de mon sujet. Chez les vieillards, qui agissent et transpirent peu, le besoin d'aliments diminue avec la faculté d'y pourvoir ; et comme la vie sauvage éloigne d'eux la goutte et les rhumatismes, et que la vieillesse est de tous les maux celui que les secours humains peuvent le moins soulager, ils s'éteignent enfin, sans qu'on s'aperçoive qu'ils cessent d'être, et presque sans s'en apercevoir eux-mêmes.

A l'égard des maladies, je ne répéterai point les vaines et fausses déclamations que font contre la médecine la plupart des gens en santé ; mais je demanderai s'il y a quelqu'observation solide de laquelle on puisse conclure que dans les pays où cet art est le plus négligé, la vie moyenne de l'homme soit plus courte que dans ceux où il est cultivé avec le plus de soin. Et comment cela pourrait-il être, si nous nous donnons plus de maux que la médecine ne peut nous fournir de remèdes ? L'extrême inégalité dans la manière de vivre, l'excès d'oisiveté dans les uns, l'excès de travail dans les autres, la facilité d'irriter et de satisfaire nos appétits et notre sensualité, les aliments trop recherchés des riches, qui les nourrissent de sucs échauffants et les accablent d'indigestions, la mauvaise nourriture des pauvres, dont ils manquent même le plus souvent, et dont le défaut les porte à surcharger avidement leur estomac dans l'occasion, les veilles, les excès de toutes espèces, les transports immodérés de toutes les passions, les fatigues et l'épuisement d'esprit, les chagrins et les peines sans nombre qu'on éprouve dans tous les états, et dont les ames sont perpétuellement rongées : voilà les funestes garants que la plupart de nos maux sont notre propre ouvrage, et que nous les aurions presque tous évités en conservant la manière de vivre simple, uniforme et solitaire qui nous était prescrite par la nature. Si elle nous a destinés à être sains, j'ose presque assurer que l'état de réflexion est un état contre nature, et que l'homme qui médite est un animal dépravé. Quand on songe à la bonne constitution des sauvages, au moins de ceux que nous n'avons pas perdus avec nos liqueurs fortes ; quand on sait qu'ils ne connaissent presque d'autres maladies que les blessures et la vieillesse, on est très-porté à croire qu'on ferait aisément l'histoire des maladies humaines en suivant celle des sociétés civiles. C'est au moins l'avis de Platon, qui juge, sur certains remèdes employés ou approuvés par Podalyre et Macaon au siège de Troie, que diverses maladies que ces remèdes devaient exciter, n'étaient point alors connues parmi les hommes ; et Celse rapporte que la diète, aujourd'hui si nécessaire, ne fut inventée que par Hippocrate.

Avec si peu de sources de maux, l'homme dans l'état de nature n'a donc guère besoin de remedes, moins encore de médecins ; l'espéce humaine n'est point non plus à cet égard de pire condition que toutes les autres, et il est aisé de savoir des chasseurs, si dans leurs courses ils trouvent beaucoup d'animaux infirmes. Plusieurs en trouvent-ils qui ont reçu des blessures considérables très-bien cicatrisées, qui ont eu des os et même des membres rompus et repris sans autre chirurgien que le temps, sans autre régime que leur vie ordinaire, et qui n'en sont pas moins parfaitement guéris, pour n'avoir point été tourmentés d'incisions, empoisonnés de drogues, ni exténués de jeûnes. Enfin, quelqu'utile que puisse être parmi nous la médecine bien administrée, il est toujours certain que si le sauvage malade, abandonné à lui-même, n'a rien à espérer que de la nature, en revanche il n'a rien à craindre que de son mal; ce qui rend souvent sa situation préférable à la nôtre.

Gardons-nous donc de confondre l'homme sauvage avec les hommes que nous avons sous les yeux. La nature traite tous les animaux abandonnés à ses soins avec une prédilection qui semble montrer combien elle est jalouse de ce droit. Le cheval, le chat, le taureau, l'âne même, ont la plupart une taille plus haute, tous une constitution plus robuste, plus de vigueur, de force et de courage dans les forêts que dans nos maisons; ils perdent la moitié de ces avantages en devenant domestiques, et l'on dirait que tous nos soins à bien traiter et nourrir ces animaux n'aboutissent qu'à les abâtardir. Il en est ainsi de l'homme même : en devenant sociable et esclave, il devient faible, craintif, rampant, et sa manière de vivre molle et efféminée achève d'énerver à la fois sa force et son courage. Ajoutons qu'entre les conditions sauvage et domestique, la différence d'homme à homme doit être plus grande encore que celle de bête à bête : car l'animal et l'homme ayant été traités également par la nature, toutes les commodités que l'homme se donne de plus qu'aux animaux qu'il apprivoise, sont autant de causes particulières qui le font dégénérer plus sensiblement.

Ce n'est donc pas un si grand malheur à ces premiers hommes, ni surtout un si grand obstacle à leur conservation, que la nudité, le défaut d'habitation, et la privation de toutes ces inutilités que nous croyons si nécessaires. S'ils n'ont pas la peau velue, ils n'en ont aucun besoin dans les pays chauds ; et ils savent bientôt dans les pays froids, s'approprier celle des bêtes qu'ils ont vaincues. S'ils n'ont que deux pieds pour courir,

ils ont deux bras pour pourvoir à leur défense et à leurs besoins. Leurs enfants
marchent peut-être tard et avec peine,
mais les mères les portent avec facilité ;
avantage qui manque aux autres espèces, où la mère étant poursuivie se voit
contrainte d'abandonner ses petits ou de
régler son pas sur le leur *. Enfin, à moins
de supposer ces concours singuliers et
fortuits de circonstances dont je parle-
rai dans la suite, et qui pouvaient fort
bien ne jamais arriver, il est clair en
tout état de cause, que le premier qui se
fit des habits ou un logement, se donna
en cela des choses peu nécessaires, puisqu'il s'en était passé jusqu'alors, et qu'on

* Il peut y avoir à ceci quelques exceptions.
Celle, par exemple, de cet animal de la province
de Nicaraga qui ressemble à un renard, qui a les
pieds comme les mains d'un homme, et qui, selon Corréal, a sous le ventre un sac où la mère met
ses petits lorsqu'elle est obligée de fuir. C'est sans
doute le même animal qu'on appelle Tlaquatzin au
Mexique, et à la femelle duquel Laët donne un semblable sac pour le même usage.

ne voit pas pourquoi il n'eût pu supporter, homme fait, un genre de vie qu'il
supportait dès son enfance.

Seul, oisif, et toujours voisin du danger, l'homme sauvage doit aimer à dormir, et avoir le sommeil léger, comme
les animaux qui, pensant peu, dorment,
pour ainsi dire, tout le temps qu'ils ne
pensent point. Sa propre conservation
faisant presque son unique soin, ses facultés les plus exercées doivent être
celles qui ont pour objet principal l'at-
taque et la défense, soit pour subjuguer
sa proie, soit pour se garantir d'être
celle d'un autre animal : au contraire,
les organes qui ne se perfectionnent que
par la mollesse et la sensualité, doivent
rester dans un état de grossièreté qui
exclut en lui toute espèce de délicatesse;
et ses sens se trouvant partagés sur ce
point, il aura le toucher et le goût d'une
rudesse extrême; la vue, l'ouïe et l'o-
dorat, de la plus grande subtilité. Tel
est l'état animal en général, et c'est

aussi, selon le rapport des voyageurs, celui de la plupart des peuples sauvages. Ainsi il ne faut point s'étonner que les Hottentots du cap de Bonne-Espérance découvrent, à la simple vue, des vaisseaux en haute mer, d'aussi loin que les Hollandais avec des lunettes ; ni que les sauvages de l'Amérique sentissent les Espagnols à la piste, comme auraient pu faire les meilleurs chiens ; ni que toutes ces nations barbares supportent sans peine leur nudité, aiguisent leur goût à force de piment, et boivent les liqueurs européennes comme de l'eau.

Je n'ai considéré jusqu'ici que l'homme physique ; tâchons de le regarder maintenant par le côté métaphysique et moral.

Je ne vois dans tout animal qu'une machine ingénieuse à qui la nature a donné des sens pour se remonter elle-même, et pour se garantir, jusqu'à un certain point, de tout ce qui tend à la déranger. J'aperçois précisément les mémes choses dans la machine humaine, avec cette différence que la nature seule fait tout dans les opérations de la bête, au lieu que l'homme concourt aux siennes en qualité d'agent libre. L'un choisit ou rejette par instinct, et l'autre par un acte de liberté ; ce qui fait que la bête ne peut s'écarter de la règle qui lui est prescrite, même quand il lui serait avantageux de le faire, et que l'homme s'en écarte souvent à son préjudice. C'est ainsi qu'un pigeon mourrait de faim près d'un bassin rempli des meilleures viandes, et un chat sur des tas de fruits ou de grain, quoique l'un et l'autre pût très-bien se nourrir de l'aliment qu'il dédaigne, s'il s'était avisé d'en essayer ; c'est ainsi que les hommes dissolus se livrent à des excès qui leur causent la fièvre et la mort, parce que l'esprit déprave les sens, et que la volonté parle encore quand la nature se tait.

Tout animal a des idées, puisqu'il a des sens ; il combine même ses idées jusqu'à un certain point, et l'homme ne diffère à cet égard de la bête que du plus au moins : quelques philosophes ont même avancé qu'il y a plus de différence de tel homme à tel homme, que de tel homme à telle bête. Ce n'est donc pas tant l'entendement qui fait parmi les animaux la distinction spécifique de l'homme, que sa qualité d'agent libre. La nature commande à tout animal, et la bête obéit. L'homme éprouve la même impression, mais il se reconnaît libre d'acquiescer ou de résister ; et c'est surtout dans la conscience de cette liberté que se montre la spiritualité de son ame : car la physique explique en quelque manière le mécanisme des sens et la formation des idées ; mais dans la puissance de vouloir ou plutôt de choisir, et dans le sentiment de cette puissance, on ne trouve que des actes spirituels, dont on n'explique rien par les lois de la mécanique.

Mais quand les difficultés qui en-

vironnent toutes ces questions laisse-
raient quelque lieu de disputer sur cette
différence de l'homme et de l'animal,
il y a une autre qualité très-spécifique
qui les distingue, et sur laquelle il ne
peut y avoir de contestation; c'est la
faculté de se perfectionner, faculté qui,
à l'aide des circonstances, développe
successivement toutes les autres, et réside parmi nous, tant dans l'espèce que
dans l'individu; au lieu qu'un animal
est, au bout de quelques mois, ce qu'il
sera toute sa vie, et son espèce, au bout
de mille ans, ce qu'elle était la première année de ces mille ans. Pourquoi
l'homme seul est-il sujet à devenir imbécille ? N'est-ce point qu'il retourne
ainsi dans son état primitif, et que,
tandis que la bête, qui n'a rien acquis
et qui n'a rien non plus à perdre, reste
toujours avec son instinct, l'homme re-
perdant par la vieillesse ou d'autres ac-
cidents tout ce que sa *perfectibilité* lui
avait fait acquérir, retombe ainsi plus

bas que la bête même ? Il serait triste pour nous d'être forcés de convenir que cette faculté distinctive et presqu'illimitée est la source de tous les malheurs de l'homme ; que c'est elle qui le tire, à force de temps, de cette condition originaire dans laquelle il coulerait des jours tranquilles et innocents ; que c'est elle qui, faisant éclore avec les siècles ses lumières et ses erreurs, ses vices et ses vertus, le rend à la longue le tyran de lui-même et de la nature 9. Il serait affreux d'être obligé de louer comme un être bienfaisant celui qui le premier suggera à l'habitant des rives de l'Orenoque l'usage de ces ais qu'il applique sur les tempes de ses enfants, et qui leur assurent du moins une partie de leur imbécillité et de leur bonheur originel.

L'homme sauvage, livré par la nature au seul instinct, ou plutôt dédommagé de celui qui lui manque peut-être, par des facultés capables d'y suppléer d'abord, et de l'élever ensuite fort au dessus de celle-là, commencera donc par les fonctions purement animales[10]: apercevoir et sentir sera son premier état, qui lui sera commun avec tous les animaux. Vouloir et ne pas vouloir, desirer et craindre seront les premières et presque les seules opérations de son ame, jusqu'à ce que de nouvelles circonstances y causent de nouveaux développements.

Quoi qu'en disent les moralistes, l'entendement humain doit beaucoup aux passions, qui, d'un commun aveu, lui doivent beaucoup aussi : c'est par leur activité que notre raison se perfectionne : nous ne cherchons à connaître que parce que nous desirons de jouir, et il n'est pas possible de concevoir pourquoi celui qui n'aurait ni desirs ni craintes, se donnerait la peine de raisonner. Les passions, à leur tour, tirent leur origine de nos besoins, et leur progrès de nos connaissances ; car on ne peut desirer ou craindre les choses que sur les idées qu'on en peut avoir, ou par la simple impulsion de la nature; et l'homme sauvage, privé de toutes sortes de lumières, n'éprouve que les passions de cette dernière espèce; ces desirs ne passent pas ses besoins physiques [11]; les seuls biens qu'il connaisse dans l'univers, sont la nourriture, une femelle et le repos; les seuls maux qu'il craigne sont la douleur et la faim. Je dis la douleur, et non la mort; car jamais l'animal ne saura ce que c'est que mourir; et la connaissance de la mort et de ses terreurs est une des premières acquisitions que l'homme ait faites en s'éloignant de la condition animale.

Il me serait aisé, si cela m'était nécessaire, d'appuyer ce sentiment par les faits, et de faire voir que chez toutes les nations du monde, les progrès de l'esprit sont précisément proportionnés aux besoins que les peuples avaient reçus de la nature, ou auxquels les circonstances les avaient assujettis, et par conséquent aux passions qui les portaient à pourvoir à ces besoins. Je montrerais en Egypte les arts naissants, et s'étendant avec le débordement du Nil; je suivrais leurs progrès chez les Grecs, où l'on les vit germer, croître et s'élever jusqu'aux cieux parmi les sables et les rochers de l'Attique, sans pouvoir prendre racine sur les bords fertiles de l'Eurotas; je remarquerais qu'en général les peuples du nord sont plus industrieux que ceux du midi, parce qu'ils peuvent moins se passer de l'être, comme si la nature voulait ainsi égaliser les choses, en donnant aux esprits la fertilité qu'elle refuse à la terre.

Mais sans recourir aux témoignages incertains de l'histoire, qui ne voit que tout semble éloigner de l'homme sauvage la tentation et les moyens de cesser de l'être? Son imagination ne lui peint rien; son cœur ne lui demande rien. Ses modiques besoins se trouvent

si aisément sous sa main, et il est si loin
du degré de connaissances nécessaire
pour desirer d'en acquérir de plus grandes, qu'il ne peut avoir ni prévoyance
ni curiosité. Le spectacle de la nature
lui devient indifférent à force de lui
devenir familier. C'est toujours le même
ordre, ce sont toujours les mêmes révolutions : il n'a pas l'esprit de s'étonner
des plus grandes merveilles ; et ce n'est
pas chez lui qu'il faut chercher la philosophie dont l'homme a besoin pour savoir observer une fois ce qu'il a vu tous
les jours. Son ame, que rien n'agite, se
livre au seul sentiment de son existence
actuelle, sans aucune idée de l'avenir,
quelque prochain qu'il puisse être ; et
ses projets, bornés comme ses vues, s'é-
tendent à peine jusqu'à la fin de la jour-
née. Tel est encore aujourd'hui le degré
de prévoyance du Caraïbe ; il vend le
matin son lit de coton, et vient pleurer
le soir pour le racheter, faute d'avoir
prévu qu'il en aurait besoin pour la nuit
prochaine.

Plus on médite sur ce sujet, plus la distance des pures sensations aux simples connaissances s'agrandit à nos regards; et il est impossible de concevoir comment un homme aurait pu par ses seules forces, sans le secours de la communication et sans l'aiguillon de la nécessité, franchir un si grand intervalle. Combien de siecles se sont peut-être écoulés avant que les hommes aient été à portée de voir d'autre feu que celui du ciel? Combien ne leur a-t-il pas fallu de différents hasards pour apprendre les usages les plus communs de cet élément? Combien de fois ne l'ont-ils pas laissé éteindre avant que d'avoir acquis l'art de le reproduire? Et combien de fois peut-être chacun de ces secrets n'est-il pas mort avec celui qui l'avait découvert? Que dirons-nous de l'agriculture, art qui demande tant de travail et de prévoyance; qui tient à d'autres arts; qui très-évidemment n'est praticable que dans une société au moins commencée, et qui ne nous sert pas tant à tirer de la terre des aliments qu'elle fournirait bien sans cela, qu'à la forcer aux préférences qui sont le plus de notre goût ? Mais supposons que les hommes eussent tellement multiplié, que les productions naturelles n'eussent plus suffi pour les nourrir ; supposition qui, pour le dire en passant, montrerait un grand avantage pour l'espèce humaine dans cette manière de vivre ; supposons que, sans forges et sans ateliers, les instruments du labourage fussent tombés du ciel entre les mains des sauvages ; que ces hommes eussent vaincu la haine mortelle qu'ils ont tous pour un travail continu ; qu'ils eussent appris à prévoir de si loin leurs besoins ; qu'ils eussent deviné comment il faut cultiver la terre, semer les grains et planter les arbres ; qu'ils eussent trouvé l'art de moudre le blé, et de mettre le raisin en fermentation ; toutes choses qu'il leur a fallu faire enseigner par les dieux, faute de concevoir comment ils les auraient apprises d'eux-mêmes, quel serait, après cela, l'homme assez insensé pour se tourmenter à la culture d'un champ qui sera dépouillé par le premier venu, homme ou bête indifféremment, à qui cette moisson conviendra? et comment chacun pourra-t-il se résoudre à passer sa vie à un travail pénible, dont il est d'autant plus sûr de ne pas recueillir le prix, qu'il lui sera plus nécessaire? En un mot, comment cette situation pourra-t-elle porter les hommes à cultiver la terre tant qu'elle ne sera point partagée entre eux, c'est-à-dire, tant que l'état de nature ne sera point anéanti?

Quand nous voudrions supposer un homme sauvage aussi habile dans l'art de penser que nous le font nos philosophes: quand nous en ferions, à leur exemple, un philosophe lui-même, découvrant seul les plus sublimes vérités, se faisant, par des suites de raisonnements très-abstraits, des maximes de justice et de raison tirées de l'amour de l'ordre en général, ou de la volonté connue de son Créateur; en un mot, quand nous lui supposerions dans l'esprit autant d'intelligence et de lumières qu'il doit avoir et qu'on lui trouve en effet de pesanteur et de stupidité, quelle utilité retirerait l'espèce de toute cette métaphysique, qui ne pourrait se communiquer, et qui périrait avec l'individu qui l'aurait inventée? Quel progrès pourrait faire le genre humain épars dans les bois parmi les animaux? Et jusqu'à quel point pourraient se perfectionner et s'éclairer mutuellement des hommes qui, n'ayant ni domicile fixe ni aucun besoin l'un de l'autre, se rencontreraient peut-être à peine deux fois en leur vie, sans se connaître et sans se parler?

Qu'on songe de combien d'idées nous sommes redevables à l'usage de la parole; combien la grammaire exerce et facilite les opérations de l'esprit; et qu'on pense aux peines inconcevables et au temps infini qu'a dû coûter la première invention des langues; qu'on joigne ces réflexions aux précédentes, et l'on jugera combien il eût fallu de milliers de siècles pour développer successivement dans l'esprit humain les opérations dont il était capable.

Qu'il me soit permis de considérer un instant les embarras de l'origine des langues. Je pourrais me contenter de citer ou de répéter ici les recherches que M. l'abbé de Condillac a faites sur cette matière, qui toutes confirment pleinement mon sentiment, et qui peut-être m'en ont donné la première idée. Mais la manière dont ce philosophe résout les difficultés qu'il se fait à lui-même sur l'origine des signes institués, montrant qu'il a supposé ce que je mets en question, savoir, une sorte de société déjà établie entre les inventeurs du langage, je crois, en renvoyant à ses réflexions, devoir y joindre les miennes pour exposer les mêmes difficultés dans le jour qui convient à mon sujet. La

première qui se présente est d'imaginer comment elles purent devenir nécessaires; car les hommes n'ayant nulle
correspondance entre eux, ni aucun besoin d'en avoir, on ne conçoit ni la nécessité de cette invention, ni sa possibilité, si elle ne fut pas indispensable. Je
dirais bien, comme beaucoup d'autres,
que les langues sont nées dans le commerce domestique des pères, des mères
et des enfants; mais, outre que cela ne
résoudrait point les objections, ce serait
commettre la faute de ceux qui, raisonnant sur l'état de nature, y transportent
les idées prises dans la société, voient
toujours la famille rassemblée dans une
même habitation, et ses membres gar-
dant entre eux une union aussi intime
et aussi permanente que parmi nous, où
tant d'intérêts communs les réunissent;
au lieu que, dans cet état primitif,
n'ayant ni maisons, ni cabanes, ni propriété d'aucune espèce, chacun se lo-
geait au hasard, et souvent pour une

seule nuit ; les mâles et les femelles s'u-
nissaient fortuitement, selon la rencontre, l'occasion et le desir, sans que la
parole fût un interprète fort nécessaire
des choses qu'ils avaient à se dire : ils se
quittaient avec la même facilité [12]. La
mère allaitait d'abord ses enfants pour
son propre besoin ; puis l'habitude les
lui ayant rendus chers, elle les nourrissait ensuite pour le leur ; sitôt qu'ils
avaient la force de chercher leur pâture,
ils ne tardaient pas à quitter la mère elle-
même ; et comme il n'y avait presque
point d'autre moyen de se retrouver que
de ne se pas perdre de vue, ils en étaient
bientôt au point de ne pas même se reconnaître les uns les autres. Remarquez
encore que l'enfant ayant tous ses besoins
à expliquer, et par conséquent plus de
choses à dire à la mère que la mère à
l'enfant, c'est lui qui doit faire les plus
grands frais de l'invention, et que la
langue qu'il emploie doit être en grande
partie son propre ouvrage ; ce qui mul-

tiplie autant les langues qu'il y a d'individus pour les parler, à quoi contribue encore la vie errante et vagabonde, qui ne laisse à aucun idiome le temps de prendre de la consistance ; car de dire que la mère dicte à l'enfant les mots dont il devra se servir pour lui demander telle ou telle chose, cela montre bien comment on enseigne des langues déja formées ; mais cela n'apprend point comment elles se forment.

Supposons cette première difficulté vaincue : franchissons pour un moment l'espace immense qui dut se trouver entre le pur état de nature et le besoin des langues, et cherchons, en les supposant nécessaires [13], comment elles purent commencer à s'établir. Nouvelle difficulté pire encore que la précédente ; car, si les hommes ont eu besoin de la parole pour apprendre à penser, ils ont eu bien plus besoin encore de savoir penser pour trouver l'art de la parole ; et quand on comprendrait comment les sons de la voix ont été pris pour les interprètes conventionnels de nos idées, il resterait toujours à savoir quels ont pu être les interprètes mêmes de cette convention pour les idées qui, n'ayant point un objet sensible, ne pouvaient s'indiquer ni par le geste ni par la voix ; de sorte qu'à peine peut-on former des conjectures supportables sur la naissance de cet art de communiquer ses pensées, et d'établir un commerce entre les esprits : art sublime qui est déja si loin de son origine, mais que le philosophe voit encore à une si prodigieuse distance de sa perfection, qu'il n'y a point d'homme assez hardi pour assurer qu'il y arriverait jamais, quand les révolutions que le temps amène nécessairement seraient suspendues en sa faveur, que les préjugés sortiraient des académies ou se tairaient devant elles, et qu'elles pourraient s'occuper de cet objet épineux durant des siècles entiers sans interruption.

Le premier langage de l'homme, le langage le plus universel, le plus énergique et le seul dont il eut besoin avant qu'il fallût persuader des hommes assemblés, est le cri de la nature. Comme ce cri n'était arraché que par une sorte d'instinct dans les occasions pressantes, pour implorer du secours dans les grands dangers, ou du soulagement dans les maux violents, il n'était pas d'un grand usage dans le cours ordinaire de la vie, où règnent des sentiments plus modérés. Quand les idées des hommes commencèrent à s'étendre et à se multiplier, et qu'il s'établit entre eux une communication plus étroite, ils cherchèrent des signes plus nombreux et un langage plus étendu : ils multiplièrent les inflexions de la voix, et y joignirent les gestes qui, par leur nature, sont plus expressifs, et dont le sens dépend moins d'une détermination antérieure. Ils exprimaient donc les objets visibles et mobiles par des gestes, et ceux qui frappent l'ouïe par des sons imitatifs; mais comme le geste n'indique guère que les objets présents ou faciles à décrire, et les actions visibles, qu'il n'est pas d'un usage universel, puisque l'obscurité ou l'interposition d'un corps le rendent inutile, et qu'il exige l'attention plutôt qu'il ne l'excite, on s'avisa enfin de lui substituer les articulations de la voix, qui, sans avoir le même rapport avec certaines idées, sont plus propres à les représenter toutes comme signes institués; substitution qui ne put se faire que d'un commun consentement, et d'une manière assez difficile à pratiquer pour des hommes dont les organes grossiers n'avaient encore aucun exercice, et plus difficile encore à concevoir en elle-même, puisque cet accord unanime dut être motivé, et que la parole paraît avoir été fort nécessaire pour établir l'usage de la parole.

On doit juger que les premiers mots dont les hommes firent usage eurent

dans leur esprit une signification beaucoup plus étendue que n'ont ceux qu'on
emploie dans les langues déjà formées,
et qu'ignorant la division du discours
en ses parties constitutives, ils donnèrent d'abord à chaque mot le sens d'une
proposition entière. Quand ils commencèrent à distinguer le sujet d'avec l'at-
tribut, et le verbe d'avec le nom, ce
qui ne fut pas un médiocre effort de
génie, les subtantifs ne furent d'abord
qu'autant de noms propres, le présent
de l'infinitif fut le seul temps des verbes; et à l'égard des adjectifs, la notion ne s'en dut développer que fort dif-
ficilement, parce que tout adjectif est
un mot abstrait, et que les abstractions
sont des opérations pénibles et peu naturelles.

Chaque objet reçut d'abord un nom
particulier, sans égard aux genres et
aux espèces que ces premiers institu-
teurs n'étaient pas en état de distinguer,
et tous les individus se présentèrent iso=

lés à leur esprit, comme ils le sont dans le tableau de la nature. Si un chêne s'appelait A, un autre chêne s'appelait B; car la première idée qu'on tire de deux choses, c'est qu'elles ne sont pas la même; et il faut souvent beaucoup de temps pour observer ce qu'elles ont de commun : de sorte que plus les connaissances étaient bornées, et plus le dictionnaire devint étendu. L'embarras de toute cette nomenclature ne put être levé facilement : car pour ranger les êtres sous des dénominations communes et génériques, il en fallait connaître les propriétés et les différences ; il fallait des observations et des définitions, c'est-à-dire, de l'histoire naturelle et de la métaphysique, beaucoup plus que les hommes de ce temps-là n'en pouvaient avoir.

D'ailleurs, les idées générales ne peuvent s'introduire dans l'esprit qu'à l'aide des mots, et l'entendement ne les saisit que par des propositions. C'est une des raisons pourquoi les animaux ne sauraient se former de telles idées, ni jamais acquérir la perfectibilité qui en dépend. Quand un singe va sans hésiter d'une noix à l'autre, pense-t-on qu'il ait l'idée générale de cette sorte de fruit, et qu'il compare son archétype à ces deux individus? Non sans doute; mais la vue de l'une de ces noix rappelle à sa mémoire les sensations qu'il a reçues de l'autre, et ses yeux, modifiés d'une certaine manière, annoncent à son goût la modification qu'il va recevoir. Toute idée générale est purement intellectuelle : pour peu que l'imagination s'en mêle, l'idée devient aussitôt particulière. Essayez de vous tracer l'image d'un arbre en général, jamais vous n'en viendrez à bout; malgré vous, il faudra le voir petit ou grand, rare ou touffu, clair ou foncé; et s'il dépendait de vous de n'y voir que ce qui se trouve en tout arbre, cette image ne ressemblerait plus à un arbre. Les êtres purement abstraits se voient de même, ou ne se conçoivent que par le discours. La définition seule du triangle vous en donne la véritable idée : sitôt que vous en figurez un dans votre esprit, c'est un tel triangle et non pas un autre, et vous ne pouvez éviter d'en rendre les lignes sensibles ou le plan coloré. Il faut donc énoncer des propositions, il faut donc parler pour avoir des idées générales : car sitôt que l'imagination s'arrête, l'esprit ne marche plus qu'à l'aide du discours. Si donc les premiers inventeurs n'ont pu donner des noms qu'aux idées qu'ils avaient déja, il s'ensuit que les premiers substantifs n'ont jamais pu être que des noms propres.

Mais lorsque, par des moyens que je ne conçois pas, nos nouveaux grammairiens commencèrent à étendre leurs idées et à généraliser leurs mots, l'ignorance des inventeurs dut assujettir cette méthode à des bornes fort étroites ; et comme ils avaient d'abord trop multiplié les noms des individus, faute de connaître les genres et les espèces, ils

firent ensuite trop peu d'espèces et de
genres, faute d'avoir considéré les êtres
par toutes leurs différences. Pour pousser les divisions assez loin il eût fallu
plus d'expérience et de lumière qu'ils
n'en pouvaient avoir, et plus de recherches et de travail qu'ils n'y en voulaient
employer. Or si, même aujourd'hui,
l'on découvre chaque jour de nouvelles
espèces qui avaient échappé jusqu'ici à
toutes nos observations, qu'on pense
combien il dut s'en dérober à des hommes qui ne jugeaient des choses que sur
le premier aspect ! Quant aux classes
primitives et aux notions les plus générales, ils est superflu d'ajouter qu'elles
durent leur échapper encore. Comment,
par exemple, auraient-ils imaginé ou
entendu les mots de matière, d'esprit,
de substance, de mode, de figure, de
mouvement, puisque nos philosophes
qui s'en servent depuis si longtemps
ont bien de la peine à les entendre eux-
mêmes, et que les idées qu'on attache

à ces mots étant purement métaphysiques, ils n'en trouvaient aucun modèle
dans la nature ?

Je m'arrête à ces premiers pas, et je
supplie mes juges de suspendre ici leur
lecture, pour considérer, sur l'invention des seuls substantifs physiques,
c'est-à-dire, sur la partie de la langue
la plus facile à trouver, le chemin qui
lui reste à faire pour exprimer toutes
les pensées des hommes, pour prendre
une forme constante, pouvoir être par-
lée en public, et influer sur la société :
je les supplie de réfléchir à ce qu'il a
fallu de temps et de connaissances
pour trouver les nombres 14, les mots
abstraits, les aoristes et tous les temps
des verbes, les particules, la syntaxe,
lier les propositions, les raisonnements,
et former toute la logique du discours.
Quant à moi, effrayé des difficultés qui
se multiplient, et convaincu de l'impossibilité presque démontrée que les
langues aient pu naître et s'établir par

des moyens purement humains, je laisse
à qui voudra l'entreprendre, la discus-
sion de ce difficile problême, lequel a
été le plus nécessaire, de la société déjà
liée à l'institution des langues, ou des
langues déja inventées à l'établissement
de la société.

Quoi qu'il en soit de ces origines, on
voit du moins, au peu de soin qu'a pris
la nature de rapprocher les hommes par
des besoins mutuels, et de leur faciliter
l'usage de la parole, combien elle a peu
préparé leur sociabilité, et combien elle
a peu mis du sien dans tout ce qu'ils ont
fait pour en établir les liens. En effet,
il est impossible d'imaginer pourquoi
dans cet état primitif un homme aurait
plutôt besoin d'un autre homme, qu'un
singe ou un loup de son semblable, ni,
ce besoin supposé, quel motif pourrait
engager l'autre à y pourvoir, ni même,
en ce dernier cas, comment ils pourraient convenir entre eux des conditions.
Je sais qu'on nous répète sans cesse que

rien n'eût été si misérable que l'homme
dans cet état ; et s'il est vrai, comme
je crois l'avoir prouvé, qu'il n'eût pu,
qu'après bien des siècles, avoir le desir
et l'occasion d'en sortir, ce serait un
procès à faire à la nature, et non à celui qu'elle aurait ainsi constitué. Mais,
si j'entends bien ce terme de *misérable*,
c'est un mot qui n'a aucun sens, ou
qui ne signifie qu'une privation doulou-
reuse et la souffrance du corps ou de
l'ame ; or je voudrais bien qu'on m'ex-
pliquât quel peut être le genre de misère d'un être libre, dont le cœur est
en paix et le corps en santé. Je demande
laquelle, de la vie civile ou naturelle,
est la plus sujette à devenir insupportable à ceux qui en jouissent ? Nous ne
voyons presque autour de nous que des
gens qui se plaignent de leur existence :
plusieurs même qui s'en privent autant
qu'il est en eux, et la réunion des lois
divine et humaine suffit à peine pour
arrêter ce désordre. Je demande si ja-

mais on a ouï dire qu'un sauvage en liberté ait seulement songé à se plaindre de la vie et à se donner la mort ? Qu'on juge donc avec moins d'orgueil de quel côté est la véritable misère. Rien au contraire n'eût été si misérable que l'homme sauvage, ébloui par des lumières, tourmenté par des passions, et raisonnant sur un état différent du sien. Ce fut par une providence très-sage que les facultés qu'il avait en puissance ne devaient se développer qu'avec les occasions de les exercer, afin qu'elles ne lui fussent ni superflues et à charge avant le temps, ni tardives et inutiles au besoin. Il avait dans le seul instinct tout ce qu'il lui fallait pour vivre dans l'état de nature ; il n'a dans une raison cultivée que ce qu'il lui faut pour vivre en société.

Il paraît d'abord que les hommes dans cet état n'ayant entre eux aucune sorte de relation morale, ni de devoirs connus, ne pouvaient être ni bons ni mé-

chants, et n'avaient ni vices ni vertus,
à moins que, prenant ces mots dans un
sens physique, on n'appelle vices, dans
l'individu, les qualités qui peuvent y
contribuer; auquel cas il faudrait appeler le plus vertueux, celui qui résiste-
rait le moins aux simples impulsions de
la nature. Mais, sans nous écarter du
sens ordinaire, il est à propos de suspendre le jugement que nous pourrions
porter sur une telle situation, et de nous
défier de nos préjugés jusqu'à ce que, la
balance à la main, on ait examiné s'il
y a plus de vertus que de vices parmi
les hommes civilisés, ou si leurs vertus
sont plus avantageuses que leurs vices
ne sont funestes, ou si le progrès de leurs
connaissances est un dédommagement
suffisant des maux qu'ils se font mutuellement à mesure qu'ils s'instruisent du
bien qu'ils devraient se faire, ou s'ils
ne seraient pas, à tout prendre, dans
une situation plus heureuse de n'avoir
ni mal à craindre ni bien à espérer de

personne, que de s'étre soumis à une
dépendance universelle, et de s'obliger
à tout recevoir de ceux qui ne s'obligent à leur rien donner.

N'allons pas surtout conclure avec Hobbes, que pour n'avoir aucune idée de la bonté, l'homme soit naturellement méchant ; qu'il soit vicieux parce qu'il ne connaît pas la vertu ; qu'il refuse toujours à ses semblables des services qu'il ne croit pas leur devoir, ni qu'en vertu du droit qu'il s'attribue avec raison aux choses dont il a besoin, il s'imagine follement être le seul propriétaire de tout l'univers. Hobbes a très-bien vu le défaut de toutes les définitions modernes du droit naturel : mais les conséquences qu'il tire de la sienne montrent qu'il la prend dans un sens qui n'est pas moins faux. En raisonnant sur les principes qu'il établit, cet auteur devait dire que l'état de nature étant celui où le soin de notre conservation est le moins préjudiciable à celle d'autrui, cet état était par conséquent le plus propre à la paix, et le plus convenable au genre humain. Il dit précisément le contraire, pour avoir fait entrer mal-à-propos dans le soin de la conservation de l'homme sauvage, le besoin de satisfaire une multitude de passions qui sont l'ouvrage de la société, et qui ont rendu les lois nécessaires. Le méchant, dit-il, est un enfant robuste. Il reste à savoir si l'homme sauvage est un enfant robuste. Quand on le lui accorderait, qu'en conclurait-il ? Que si, quand il est robuste, cet homme était aussi dépendant des autres que quand il est faible, il n'y a sorte d'excès auxquels il ne se portât ; qu'il ne battît sa mère lorsqu'elle tarderait trop à lui donner la mamelle ; qu'il n'étranglât un de ses jeunes frères lorsqu'il en serait incommodé ; qu'il ne mordît la jambe à l'autre lorsqu'il en serait heurté ou troublé : mais ce sont deux suppositions contradictoires dans l'état de nature, qu'être robuste et dépendant.

L'homme est faible quand il est dépendant, et il est émancipé avant que d'ê-
tre robuste. Hobbes n'a pas vu que la
même cause qui empêche les sauvages
d'user de leur raison, comme le prétendent nos jurisconsultes, les empêche en
même temps d'abuser de leurs facultés,
comme il le prétend lui-même ; de sorte
qu'on pourrait dire que les sauvages ne
sont pas méchants précisément parce
qu'ils ne savent pas ce que c'est qu'être
bons ; car ce n'est ni le développement
des lumières, ni le frein de la loi, mais
le calme des passions et l'ignorance du
vice qui les empêchent de mal faire :
*Tantò plus in illis proficit vitiorum igno-
ratio, quàm in his cognitio virtutis.* Il y
a d'ailleurs un autre principe qu'Hobbes n'a point aperçu, et qui, ayant été
donné à l'homme pour adoucir, en certaines circonstances, la férocité de son
amour propre, ou le desir de se conserver avant la naissance de cet amour [5],
tempère l'ardeur qu'il a pour son bien-

être par une répugnance innée à voir
souffrir son semblable. Je ne crois pas
avoir aucune contradiction à craindre,
en accordant à l'homme la seule vertu
naturelle qu'ait été forcé de reconnaître
le détracteur le plus outré des vertus
humaines. Je parle de la pitié, disposition convenable à des êtres aussi faibles et sujets à autant de maux que nous
le sommes ; vertu d'autant plus universelle et d'autant plus utile à l'homme,
qu'elle précède en lui l'usage de toute réflexion, et si naturelle que les bêtes même
en donnent quelquefois des signes sensibles. Sans parler de la tendresse des
mères pour leurs petits, et des périls
qu'elles bravent pour les en garantir, on
observe tous les jours la répugnance
qu'ont les chevaux à fouler aux pieds
un corps vivant. Un animal ne passe
point sans inquiétude auprès d'un animal mort de son espèce : il y en a même
qui leur donnent une sorte de sépultu-
re ; et les tristes mugissements du bé-

tail entrant dans une boucherie, annoncent l'impression qu'il reçoit de l'horrible spectacle qui le frappe. On voit avec
plaisir l'auteur de la fable des Abeilles,
forcé de reconnaître l'homme pour un
être compatissant et sensible; sortir,
dans l'exemple qu'il en donne, de son
style froid et subtil, pour nous offrir la
pathétique image d'un homme enfermé
qui aperçoit au dehors une bête féroce
arrachant un enfant du sein de sa mère,
brisant sous sa dent meurtrière ses faibles membres, et déchirant de ses ongles les entrailles palpitantes de cet enfant. Quelle affreuse agitation n'éprouve
point ce témoin d'un événement auquel
il ne prend aucun intérêt personnel !
Quelles angoisses ne souffre-t il pas à
cette vue, de ne pouvoir porter aucun
secours à la mère évanouie, ni à l'enfant expirant !

Tel est le pur mouvement de la nature, antérieur à toute réflexion : telle
est la force de la pitié naturelle, que les

mœurs les plus dépravées ont encore peine à détruire, puisqu'on voit tous les jours dans nos spectacles s'attendrir et pleurer aux malheurs d'un infortuné, tel qui, s'il était à la place du tyran, aggraverait encore les tourments de son ennemi ; semblable au sanguinaire Sylla, si sensible aux maux qu'il n'avait pas causés, ou à cet Alexandre de Phère, qui n'osait assister à la représentation d'aucune tragédie, de peur qu'on ne le vît gémir avec Andromaque et Priam, tandis qu'il écoutait sans émotion les cris de tant de citoyens qu'on égorgeait tous les jours par ses ordres.

> *Mollissima corda*
> *Humano generi dare se Natura fatetur,*
> *Quæ lacrymas dedit.*

Mandeville a bien senti qu'avec toute leur morale les hommes n'eussent jamais été que des monstres, si la nature ne leur eût donné la pitié à l'appui de la raison ; mais il n'a pas vu que de cette seule qualité découlent toutes les vertus sociales qu'il veut disputer aux hommes. En effet, qu'est-ce que la générosité, la clémence, l'humanité, sinon la pitié appliquée aux faibles, aux coupables, ou à l'espèce humaine en général? La bienveillance et l'amitié même sont, à le bien prendre, des productions d'une pitié constante, fixée sur un objet particulier : car desirer que quelqu'un ne souffre point, qu'est-ce autre chose que desirer qu'il soit heureux ? Quand il serait vrai que la commisération ne serait qu'un sentiment qui nous met à la place de celui qui souffre, sentiment obscur et vif dans l'homme sauvage développé, mais faible dans l'homme civil, qu'importerait cette idée à la vérité de ce que je dis, sinon de lui donner plus de force? En effet, la commisération sera d'autant plus énergique, que l'animal spectateur s'identifiera plus intimement avec l'animal souffrant ; or il est évident que cette identification a dû être infiniment plus étroite dans l'état de nature que dans l'état de raisonnement. C'est la raison qui engendre l'amour-propre, et c'est la réflexion qui le fortifie : c'est elle qui replie l'homme sur lui-même ; c'est elle qui le sépare de tout ce qui le gêne et l'afflige. C'est la philosophie qui l'isole ; c'est par elle qu'il dit en secret, à l'aspect d'un homme souffrant : Péris, si tu veux, je suis en sûreté. Il n'y a plus que les dangers de la société entière qui troublent le sommeil tranquille du philosophe, et qui l'arrachent de son lit. On peut impunément égorger son semblable sous sa fenêtre : il n'a qu'à mettre ses mains sur ses oreilles et s'argumenter un peu, pour empêcher la nature qui se révolte en lui, de l'identifier avec celui qu'on assassine. L'homme sauvage n'a point cet admirable talent ; et, faute de sagesse et de raison, on le voit toujours se livrer étourdiment au premier sentiment de l'humanité. Dans les émeutes, dans les querelles des rues, la populace s'assemble, l'homme prudent s'éloigne :

c'est la canaille, ce sont les femmes des halles qui séparent les combattants, et qui empêchent les honnêtes gens de s'entr'égorger.

Il est donc bien certain que la pitié est un sentiment naturel qui, modérant dans chaque individu l'activité de l'amour de soi-même, concourt à la conservation mutuelle de toute l'espèce. C'est elle qui nous porte sans réflexion au secours de ceux que nous voyons souffrir ; c'est elle qui, dans l'état de nature, tient lieu de lois, de mœurs et de vertu, avec cet avantage que nul n'est tenté de désobéir à sa douce voix : c'est elle qui détournera tout sauvage robuste d'enlever à un faible enfant, ou à un vieillard infirme, sa subsistance acquise avec peine, si lui-même espère pouvoir trouver la sienne ailleurs : c'est elle qui, au lieu de cette maxime sublime de justice raisonnée, *fais à autrui comme tu veux qu'on te fasse,* inspire à tous les hommes cette autre maxime de bonté naturelle , bien moins parfaite , **mais** plus utile peut-être que la précédente , *fais ton bien avec le moindre mal d'autrui qu'il est possible.* C'est , en un mot, dans ce sentiment naturel plutôt que dans des arguments subtils , qu'il faut chercher la cause de la répugnance que tout homme éprouverait à mal faire , même indépe damment des maximes de l'éducation. Quoiqu'il puisse appartenir à Socrate et aux esprits de sa trempe , d'acquérir de la vertu par raison, il y a longtemps que le genre humain ne serait plus, si sa conservation n'eût dépendu que des raisonnements de ceux qui le composent.

Avec des passions si peu actives et un frein si salutaire , les hommes , plutôt farouches que méchants, et plus attentifs à se garantir du mal qu'ils pouvaient recevoir , que tentés d'en faire à autrui , n'étaient pas sujets à des démêlés fort dangereux ; comme ils n'avaient entre eux aucune espèce de commerce ;

qu'ils ne connaissaient par conséquent
ni la vanité, ni la considération, ni
l'estime, ni le mépris ; qu'ils n'avaient
pas la moindre notion du tien et du mien,
ni aucune véritable idée de la justice ;
qu'ils regardaient les violences qu'ils
pouvaient essuyer comme un mal facile
à réparer, et non comme une injure
qu'il faut punir, et qu'ils ne songeaient
pas même à la vengeance, si ce n'est peut-
être machinalement et sur le champ,
comme le chien qui mord la pierre qu'on
lui jette, leurs disputes eussent eu rarement des suites sanglantes, si elles n'eussent point eu de sujet plus sensible que
la pâture : mais j'en vois un plus dangereux dont il me reste à parler.

Parmi les passions qui agitent le cœur
de l'homme, il en est une ardente, impétueuse, qui rend un sexe nécessaire à
l'autre ; passion terrible qui brave tous
les dangers, renverse tous les obstacles,
et qui, dans ses fureurs, semble propre
à détruire le genre humain qu'elle est

destinée à conserver. Que deviendront les hommes en proie à cette rage effrénée et brutale, sans pudeur, sans retenue, et se disputant chaque jour leurs amours au prix de leur sang ?

Il faut convenir d'abord que plus les passions sont violentes, plus les lois sont nécessaires pour les contenir : mais outre que les désordres et les crimes que celles-ci causent tous les jours parmi nous, montrent assez l'insuffisance des lois à cet égard, il serait encore bon d'examiner si ces désordres ne sont point nés avec les lois mêmes ; car alors, quand elles seraient capables de les réprimer, ce serait bien le moins qu'on en dût exiger que d'arrêter un mal qui n'existerait point sans elles.

Commençons par distinguer le moral du physique dans le sentiment de l'amour. Le physique est ce desir général qui porte un sexe à s'unir à l'autre. Le moral est ce qui détermine ce desir et le fixe sur un seul objet exclusivement, ou

qui du moins lui donne pour cet objet
préféré, un plus grand degré d'énergie.
Or il est facile de voir que le moral de
l'amour est un sentiment factice, né de
l'usage de la société, et célébré par les
femmes avec beaucoup d'habileté et de
soin pour établir leur empire, et rendre
dominant le sexe qui devrait obéir. Ce
sentiment étant fondé sur certaines notions du mérite ou de la beauté qu'un
sauvage n'est point en état d'avoir, et
sur des comparaisons qu'il n'est point
en état de faire, doit être presque nul
pour lui : car, comme son esprit n'a pu
se former des idées abstraites de régu-
larité et de proportion, son cœur n'est
point non plus susceptible des sentiments
d'admiration et d'amour qui, même
sans qu'on s'en aperçoive, naissent de
l'application de ces idées : il écoute uniquement le tempérament qu'il a reçu de
la nature, et non le dégoût qu'il n'a pu
acquérir, et toute femme est bonne pour
lui.

Bornés au seul physique de l'amour, et assez heureux pour ignorer ces préférences qui en irritent le sentiment et en augmentent les difficultés, les hommes doivent sentir moins fréquemment et moins vivement les ardeurs du tempérament, et par conséquent avoir entre eux des disputes plus rares et moins cruelles. L'imagination, qui fait tant de ravages parmi nous, ne parle point à des cœurs sauvages : chacun attend paisiblement l'impulsion de la nature, s'y livre sans choix, avec plus de plaisir que de fureur, et, le besoin satisfait, tout le désir est éteint.

C'est donc une chose incontestable que l'amour même, ainsi que toutes les autres passions, n'a acquis que dans la société cette ardeur impétueuse qui le rend si souvent funeste aux hommes ; et il est d'autant plus ridicule de représenter les sauvages comme s'entr'égorgeant sans cesse pour assouvir leur brutalité, que cette opinion est directement contraire à l'expérience, et que les Caraïbes, celui de tous les peuples existants qui jusqu'ici s'est écarté le moins de l'état de nature, sont précisément les plus paisibles dans leurs amours, et les moins sujets à la jalousie, quoique vivant sous un climat brûlant qui semble toujours donner à ces passions une plus grande activité.

A l'égard des inductions qu'on pourrait tirer dans plusieurs espèces d'animaux, des combats des mâles qui ensanglantent en tout temps nos basses-cours, ou qui font retentir au printemps les forêts de leurs cris en se disputant la femelle, il faut commencer par exclure toutes les espèces où la nature a manifestement établi dans la puissance relative des sexes, d'autres rapports que parmi nous : ainsi les combats des coqs ne forment point une induction pour l'espèce humaine. Dans les espèces où la proportion est mieux observée, ces combats ne peuvent avoir pour causes que la rareté des femelles, eu égard au nombre des mâles, ou les intervalles exclusifs durant lesquels la femelle refuse constamment l'approche du mâle, ce qui revient à la première cause ; car si chaque femelle ne souffre le mâle que durant deux mois de l'année, c'est à cet égard comme si le nombre des femelles était moindre des cinq sixièmes. Or aucun de ces deux cas n'est applicable à l'espèce humaine, où le nombre des femelles surpasse généralement celui des mâles, et où l'on n'a jamais observé que, même parmi les sauvages, les femelles aient, comme celles des autres espèces, des temps de chaleur et d'exclusion. De plus, parmi plusieurs de ces animaux, toute l'espèce entrant à la fois en effervescence, il vient un moment terrible d'ardeur commune, de tumulte, de désordre et de combat : moment qui n'a point lieu parmi l'epèce humaine, où l'amour n'est jamais périodique. On ne peut donc pas conclure des combats de certains animaux pour la possession des femelles, que la même chose arriverait a l'homme dans l'état de nature ; et quand même on pourrait tirer cette conclusion, comme ces dissensions ne détruisent point les autres espèces , on doit penser au moins qu'elles ne seraient pas plus funestes à la nôtre , et il est très-apparent qu'elles y causeraient encore moins de ravages qu'elles ne font dans la société, surtout dans les pays où les mœurs étant encore comptées pour quelque chose, la jalousie des amants et la vengeance des époux causent chaque jour des duels, des meurtres, et pis encore ; où le devoir d'une éternelle fidélité ne sert qu'à faire des adultères, et où les lois même de la continence et de l'honneur étendent nécessairement la débauche et multiplient les avortements.

Concluons qu'errant dans les forêts, sans industrie, sans parole, sans domicile, sans guerre et sans liaison, sans nul besoin de ses semblables, comme sans nul desir de leur nuire, peut-être même sans jamais en reconnaître aucun individuellement, l'homme sauvage, sujet à peu de passions, et se suffisant à lui-même, n'avait que les sentiments et les lumières propres à cet état, qu'il ne sentait que ses vrais besoins, ne regardait que ce qu'il croyait avoir intérêt de voir, et que son intelligence ne faisait pas plus de progrès que sa vanité. Si par hasard il faisait quelque découverte, il pouvait d'autant moins la communiquer, qu'il ne reconnaissait pas même ses enfants. L'art périssait avec l'inventeur. Il n'y avoit ni éducation, ni progrès : les générations se multipliaient inutilement ; et chacun partant toujours du même point, les siècles s'écoulaient dans toute la grossièreté des premiers âges ; l'espèce était déjà vieille, et l'homme restait toujours enfant.

Si je me suis étendu si longtemps sur la supposition de cette condition primitive, c'est qu'ayant des anciennes erreurs et des préjugés invétérés à détruire, j'ai cru devoir creuser jusqu'à la racine, et montrer dans le tableau du véritable état de nature combien l'inégalité, même naturelle, est loin d'avoir dans cet état, autant de réalité et d'influence que le prétendent nos écrivains.

En effet, il est aisé de voir qu'entre les différences qui distinguent les hommes, plusieurs passent pour naturelles, qui sont uniquement l'ouvrage de l'habitude et des divers genres de vie que les hommes adoptent dans la société. Ainsi un tempérament robuste ou délicat, la force ou la faiblesse qui en dépendent, viennent souvent plus de la manière dure ou efféminée dont on a été élevé, que de la constitution primitive des corps. Il en est de même des forces de l'esprit ; et non-seulement l'éducation met de la différence entre les esprits cultivés et ceux qui ne le sont pas, mais elle augmente celle qui se trouve entre les premiers à proportion de la cul-

ture; car qu'un géant et un nain marchent sur la même route, chaque pas
qu'ils feront l'un et l'autre donnera un
nouvel avantage au géant. Or si l'on
compare la diversité prodigieuse d'édu-
cations et de genres de vie qui règne
dans les différents ordres de l'état civil,
avec la simplicité et l'uniformité de la
vie animale et sauvage, où tous se nourrissent des mêmes aliments, vivent de
la même manière, et font exactement
les mêmes choses, on comprendra combien la différence d'homme à homme
doit être moindre dans l'état de nature
que dans celui de société, et combien
l'inégalité naturelle doit augmenter
dans l'espèce humaine par l'inégalité
d'institution.

Mais, quand la nature affecterait
dans la distribution de ses dons autant
de préférences qu'on le prétend, quel
avantage les plus favorisés en tireraient-
ils au préjudice des autres, dans un état
de choses qui n'admettrait presqu'au-

cune sorte de relation entre eux ? Là où
il n'y a point d'amour, de quoi servira
la beauté ? Que sert l'esprit à des gens
qui ne parlent point, et la ruse à ceux
qui n'ont point d'affaires ? J'entends
toujours répéter que les plus forts op-
primeront les faibles ; mais qu'on m'explique ce qu'on veut dire par ce mot
d'oppression. Les uns domineront avec
violence, les autres gémiront asservis à
tous leurs caprices ! voilà précisément
ce que j'observe parmi nous ; mais je ne
vois pas comment cela pourrait se dire
des hommes sauvages, à qui l'on aurait même bien de la peine à faire entendre ce que c'est que servitude et domination. Un homme pourra bien s'emparer des fruits qu'un autre a cueil-
lis, du gibier qu'il a tué, de l'antre qui
lui servait d'asyle ; mais comment viendra-t-il jamais à bout de s'en faire obéir,
et qu'elles pourront être les chaînes de
la dépendance parmi des hommes qui
ne possèdent rien ? Si l'on me chasse

d'un arbre, j'en suis quitte pour aller à un autre ; si l'on me tourmente dans un lieu, qui m'empêchera de passer ailleurs ? Se trouve-t-il un homme d'une force assez supérieure à la mienne, et de plus assez dépravé, assez paresseux et assez féroce pour me contraindre à pourvoir à sa subsistance pendant qu'il demeure oisif ? il faut qu'il se résolve à ne pas me perdre de vue un seul instant, à me tenir lié avec un très-grand soin durant son sommeil, de peur que je ne m'échappe ou que je ne le tue ; c'est-à-dire, qu'il est obligé de s'exposer volontairement à une peine beaucoup plus grande que celle qu'il veut éviter, et que celle qu'il me donne à moi-même. Après tout cela, sa vigilance se relâche-t-elle un moment, un bruit imprévu lui fait-il détourner la tête ? je fais vingt pas dans la forêt, mes fers sont brisés, et il ne me revoit de sa vie.

Sans prolonger inutilement ces détails, chacun doit voir que les liens de la servitude n'étant formés que de la dépendance mutuelle des hommes et des besoins réciproques qui les unissent, il est impossible d'asservir un homme sans l'avoir mis auparavant dans le cas de ne pouvoir se passer d'un autre ; situation qui, n'existant que dans l'état de nature, y laisse chacun libre du joug et rend vaine la loi du plus fort.

Aprés avoir éprouvé que l'inégalité est à peine sensible dans l'état de nature, et que son influence y est presque nulle, il me reste à montrer son origine et ses progrès dans les développements successifs de l'esprit humain. Après avoir montré que la *perfectibilité*, les vertus sociales et les autres facultés que l'homme naturel avait reçues en puissance ne pouvaient jamais se développer d'elles-mêmes, qu'elles avaient besoin pour cela du concours fortuit de plusieurs causes étrangères qui pouvaient ne jamais naître, et sans lesquelles il fût demeuré éternellement dans sa constitution primitive, il me reste à considérer et à rapprocher les différents hasards qui ont pu perfectionner la raison humaine, en détériorant l'espèce, rendre un être méchant en le rendant sociable, et d'un terme si éloigné amener enfin l'homme et le monde au point où nous les voyons.

J'avoue que les événements que j'ai à décrire ayant pu arriver de plusieurs manières, je ne puis me déterminer sur le choix que par des conjectures ; mais outre que ces conjectures deviennent des raisons, quand elles sont les plus probables qu'on puisse tirer de la nature des choses, et les seuls moyens qu'on puisse avoir de découvrir la vérité, les conséquences que je veux déduire des miennes ne seront point pour cela conjecturales, puisque, sur les principes que je viens d'établir, on ne saurait former aucun autre système qui ne me fournisse les mêmes résultats, et dont je ne puisse tirer les mêmes conclusions.

Ceci me dispensera d'étendre mes réflexions sur la manière dont le laps de temps compense le peu de vraisemblance des événements ; sur la puissance surprenante des causes très-légères, lorsqu'elles agissent sans relâche ; sur l'impossibilité où l'on est , d'un côté, de détruire certaines hypothèses, si de l'autre on se trouve hors d'état de leur donner le degré de certitude des faits ; sur ce que deux faits étant donnés comme réels à lier par une suite de faits intermediaires, inconnus ou regardés comme tels, c'est à l'histoire, quand on l'a, de donner les faits qui les lient, c'est à la philosophie, à son défaut, de déterminer les faits semblables qui peuvent les lier ; enfin sur ce qu'en matière d'événements, la similitude réduit les faits à un beaucoup plus petit nombre de classes différentes qu'on ne se l'imagine. Il me suffit d'offrir ces objets à la considération de mes juges ;

il me suffit d'avoir fait ensorte que les lecteurs vulgaires n'eussent pas besoin de les considérer.

SECONDE PARTIE.

LE premier qui, ayant enclos un terrain, s'avisa de dire, *ceci est à moi*, et trouva des gens assez simples pour le croire, fut le vrai fondateur de la société civile. Que de crimes, de guerres, de meurtres, que de misères et d'horreurs n'eût point épargnés au genre humain celui qui, arrachant les pieux ou comblant le fossé, eût crié à ses semblables : Gardez-vous d'écouter cet imposteur ; vous êtes perdus si vous oubliez que les fruits sont à tous, et que la terre n'est à personne ! Mais il y a grande apparence qu'alors les choses en étaient déja venues au point de ne pouvoir plus durer comme elles étaient : car cette idée de propriété, dépendant de beaucoup d'idées antérieures qui n'ont pu naître que successivement, ne se forma pas tout d'un coup dans l'esprit humain : il fallut faire bien des progrès, acquérir bien de l'industrie et des lumiéres, les transmettre et les augmenter d'âge en âge, avant que d'arriver à ce dernier terme de l'état de nature. Reprenons donc les choses de plus haut, et tâchons de rassembler, sous un seul point de vue, cette lente succession d'événements et de connaissances dans leur ordre le plus naturel.

Le premier sentiment de l'homme fut celui de son existence, son premier soin celui de sa conservation. Les productions de la terre lui fournissaient tous les secours nécessaires, l'instinct le porta à en faire usage. La faim, d'autres appétits lui faisant éprouver tour-à-tour diverses manières d'exister, il y en eut une qui l'invita à perpétuer son espèce ; et ce penchant aveugle, dépourvu de tout sentiment du cœur, ne produisait qu'un acte purement animal. Le besoin satisfait, les deux sexes ne se reconnaissaient plus, et l'enfant même n'était plus rien à la mère sitôt qu'il pouvait se passer d'elle.

Telle fut la condition de l'homme naissant ; telle fut la vie d'un animal borné d'abord aux pures sensations, et profitant à peine des dons que lui offrait la nature, loin de songer à lui rien arracher ; mais il se présenta bientôt des difficultés : il fallut apprendre à les vaincre : la hauteur des arbres qui l'empêchait d'atteindre à leurs fruits, la concurrence des animaux qui cherchaient à s'en nourrir, la férocité de ceux qui en voulaient à sa propre vie, tout l'obligea de s'appliquer aux exercices du corps ; il fallut se rendre agile, vîte à la course, vigoureux au combat. Les armes naturelles, qui sont les branches d'arbres et les pierres, se trouvèrent bientôt sous sa main. Il apprit à surmonter les obstacles de la nature, à combattre au besoin les autres animaux, à disputer sa subsistance aux hommes mêmes, ou à se dédommager de ce qu'il fallait céder au plus fort.

A mesure que le genre humain s'étendit, les peines se multiplièrent avec les hommes. La différence des terrains, des climats, des saisons, put les forcer à en mettre dans leurs manières de vivre. Des années stériles, des hivers longs et rudes, des étés brûlants qui consument tout, exigèrent d'eux une nouvelle industrie. Le long de la mer et des rivieres, ils inventèrent la ligne et le hameçon, et devinrent pêcheurs et ichtyophages. Dans les forêts ils se firent des arcs et des fleches, et devinrent chasseurs et guerriers. Dans les pays froids, ils se couvrirent des peaux des bêtes qu'ils avaient tuées. Le tonnerre, un volcan ou quelque heureux hasard leur fit connaitre le feu, nouvelle ressource contre la rigueur de l'hiver : ils apprirent à conserver cet élément, puis à le reproduire,

et enfin à en préparer les viandes qu'auparavant ils dévoraient crues.

Cette application réitérée des êtres
divers à lui-même, et des uns aux autres, doit naturellement engendrer dans
l'esprit de l'homme les perceptions de
certains rapports. Ces relations, que
nous exprimons par les mots de grand,
de petit, de fort, de faible, de vite,
de lent, de peureux, de hardi, et d'autres idées pareilles comparées au besoin
et presque sans y songer, produisirent
enfin chez lui quelque sorte de réflexion,
ou plutôt une prudence machinale qui
lui indiquait les précautions les plus nécessaires à sa sûreté.

Les nouvelles lumières qui résultèrent
de ce développement, augmentèrent sa
supériorité sur les autres animaux en
la lui faisant connaitre. Il s'exerça à
leur dresser des piéges, il leur donna
le change en mille manières; et quoique
plusieurs le surpassassent en force au
combat ou en vitesse à la course, de

ceux qui pouvaient lui servir ou lui nuire, il devint avec le temps le maître des uns et le fléau des autres. C'est ainsi que le premier regard qu'il porta sur lui-même y produisit le premier mouvement d'orgueil ; c'est ainsi que, sachant encore à peine distinguer les rangs, et se contemplant au premier par son espèce, il se préparait de loin à y prétendre par son individu.

Quoique ses semblables ne fussent pas pour lui ce qu'ils sont pour nous, et qu'il n'eût guère plus de commerce avec eux qu'avec les autres animaux, ils ne furent pas oubliés dans ses observations. Les conformités que le temps put lui faire apercevoir entre eux, sa femelle et lui-même, le firent juger de celles qu'il n'apercevait pas ; et voyant qu'ils se conduisaient tous comme il aurait fait en de pareilles circonstances, il conclut que leur manière de penser et de sentir était entièrement conforme à la sienne ; et cette importante vérité, bien établie dans son esprit, lui fit suivre, par un pressentiment aussi sûr et plus prompt que la dialectique, les meilleures règles de conduite que, pour son avantage et sa sûreté, il lui convint de garder avec eux.

Instruit par l'expérience que l'amour du bien-être est le seul mobile des actions humaines, il se trouva en état de distinguer les occasions rares où l'intérêt commun devait le faire compter sur l'assistance de ses semblables, et celles plus rares encore où la concurrence devait le faire défier d'eux. Dans le premier cas, il s'unissait avec eux en troupeau, ou tout au plus par quelque sorte d'association libre qui n'obligeait personne, et qui ne durait qu'autant que le besoin passager qui l'avait formée. Dans le second, chacun cherchait à prendre ses avantages, soit à force ouverte s'il croyait le pouvoir, soit par adresse et subtilité s'il se sentait le plus faible.

Voilà comment les hommes purent insensiblement acquérir quelque idée grossière des engagements mutuels et de l'avantage de les remplir, mais seulement autant que pouvait l'exiger l'intérêt présent et sensible : car la prévoyance n'était rien pour eux ; et loin de s'occuper d'un avenir éloigné, ils ne songeaient pas même au lendemain. S'agissait-il de prendre un cerf ? chacun sentait bien qu'il devait pour cela garder fidèlement son poste ; mais si un lièvre venait à passer à la portée de l'un d'eux, il ne faut pas douter qu'il ne le poursuivît sans scrupule, et qu'ayant atteint sa proie, il ne se souciât fort peu de faire manquer la leur à ses compagnons.

Il est aisé de comprendre qu'un pareil commerce n'exigeait pas un langage beaucoup plus rafiné que celui des corneilles ou des singes, qui s'attroupent à-peu-près de même. Des cris inarticulés, beaucoup de gestes, et quel-

ques bruits imitatifs durent composer
pendant longtemps la langue universelle; à quoi joignant dans chaque contrée quelques sons articulés et conventionnels dont, comme je l'ai déja dit,
il n'est pas trop facile d'expliquer l'institution, on eut des langues particulières, mais grossières, imparfaites, et telles à-peu-près qu'en ont aujourd'hui diverses nations sauvages.

Je parcours comme un trait de multitudes de siècles, forcé par le temps qui
s'écoule, par l'abondance des choses que
j'ai à dire, et par le progrès presque in-
sensible des commencements; car plus
les événements étaient lents à se succé-
der, plus ils sont prompts à décrire.

Ces premiers progrès mirent enfin
l'homme à portée d'en faire de plus ra-
pides. Plus l'esprit s'éclairait, et plus
l'industrie se perfectionna. Bientôt ces-
sant de s'endormir sous le premier arbre, ou de se retirer dans des cavernes,
on trouva quelques sortes de haches

de pierres dures et tranchantes qui ser-
virent à couper du bois, creuser la terre, et faire des huttes de branchages
qu'on s'avisa ensuite d'enduire d'argile
et de boue. Ce fut là l'époque d'une
première révolution qui forma l'établissement et la distinction des familles, et
qui introduisit une sorte de propriété,
d'où peut-être naquirent déjà bien des
querelles et des combats. Cependant,
comme les plus forts furent vraisembla-
blement les premiers à se faire des lo-
gements qu'ils se sentaient capables de
défendre, il est à croire que les faibles
trouvèrent plus court et plus sûr de les
imiter que de tenter de les déloger : et
quant à ceux qui avaient déjà des cabanes, chacun dut peu chercher à s'approprier celle de son voisin, moins parce
qu'elle ne lui appartenait pas, que parce
qu'elle lui était inutile, et qu'il ne pouvait s'en emparer sans s'exposer à un
combat très-vif avec la famille qui l'oc-
cupait.

Les premiers développements du cœur furent l'effet d'une situation nouvelle qui réunissait dans une habitation commune les maris et les femmes, les pères et les enfants : l'habitude de vivre ensemble fit naître les plus doux sentiments qui soient connus des hommes, l'amour conjugal et l'amour paternel. Chaque famille devint une petite société d'autant moins unie, que l'attachement réciproque et la liberté en étaient les seuls liens ; et ce fut alors que s'établit la première différence dans la manière de vivre des deux sexes, qui jusqu'ici n'en avaient eu qu'une. Les femmes devinrent plus sédentaires, et s'accoutumèrent à garder la cabane et les enfants, tandis que l'homme allait chercher la subsistance commune. Les deux sexes commencèrent aussi par une vie un peu plus molle à perdre quelque chose de leur férocité et de leur vigueur ; mais si chacun séparément devint moins propre à combattre les bêtes sauvages, en revanche il fut plus aisé de s'assembler pour leur résister en commun.

Dans ce nouvel état, avec une vie simple et solitaire, des besoins très-bornés, et les instruments qu'ils avaient inventés pour y pourvoir, les hommes, jouissant d'un fort grand loisir, l'employèrent à se procurer plusieurs sortes de commodités inconnues à leurs pères ; et ce fut là le premier joug qu'ils s'imposèrent sans y songer, et la première source de maux qu'ils préparèrent à leurs descendants ; car, outre qu'ils continuèrent ainsi à s'amollir le corps et l'esprit, ces commodités ayant par l'habitude perdu presque tout leur agrément, et étant en même temps dégénérées en de vrais besoins, la privation en devint beaucoup plus cruelle que la possession n'en était douce, et l'on était malheureux de les perdre, sans être heureux de les posséder.

On entrevoit un peu mieux ici comment l'usage de la parole s'établit ou

se perfectionna insensiblement dans le
sein de chaque famille, et l'on peut
conjecturer encore comment diverses
causes particulières purent étendre le
langage, et en accélérer le progrès en
le rendant plus nécessaire. De grandes
inondations ou des tremblements de terre
environnèrent d'eaux ou de précipices
des cantons habités ; des révolutions du
globe détachèrent et coupèrent en îles
des portions du continent. On conçoit
qu'entre des hommes ainsi rapprochés,
et forcés de vivre ensemble, il dut se
former un idiome commun, plutôt qu'entre ceux qui erraient librement dans les
forêts de la terre ferme. Ainsi il est très-
possible qu'après leurs premiers essais
de navigation, des insulaires aient porté
parmi nous l'usage de la parole ; et il
est au moins très-vraisemblable que la
société et les langues ont pris naissance
dans les îles, et s'y sont perfectionnées
avant que d'être connues dans le continent.

Tout commence à changer de face. Les hommes errants jusqu'ici dans les bois, ayant pris une assiette plus fixe, se rapprochent lentement, se réunissent en diverses troupes, et forment enfin dans chaque contrée une nation particulière, unie de mœurs et de caractères, non par des réglements et des lois, mais par le même genre de vie et d'aliments, et par l'influence commune du climat. Un voisinage permanent ne peut manquer d'engendrer enfin quelque liaison entre diverses familles. De jeunes gens de différents sexes habitent des cabanes voisines, le commerce passager que demande la nature en amène bientôt un autre non moins doux et plus permanent par la fréquentation mutuelle. On s'accoutume à considérer différents objets et à faire des comparaisons : on acquiert insensiblement des idées de mérite et de beautés qui produisent des sentiments de préférence. A force de se voir, on ne peut plus se passer de se voir encore. Un sentiment tendre et doux s'insinue dans l'ame, et par la moindre opposition devient une fureur impétueuse : la jalousie s'éveille avec l'amour, la discorde triomphe, et la plus douce des passions reçoit des sacrifices de sang humain.

A mesure que les idées et les sentiments se succèdent, que l'esprit et le cœur s'exercent, le genre humain continue à s'apprivoiser, les liaisons s'étendent et les liens se resserrent. On s'accoutuma à s'assembler devant les cabanes ou autour d'un grand arbre : le chant et la danse, vrais enfants de l'amour et du loisir, devinrent l'amusement, ou plutôt l'occupation des hommes et des femmes oisifs et attroupés. Chacun commença à regarder les autres, et à vouloir être regardé soi-même, et l'estime publique eut un prix. Celui qui chantait ou dansait le mieux; le plus beau, le plus fort, le plus adroit ou le plus éloquent devint le plus considéré, et ce fut là le premier pas vers l'inégalité et vers le vice en même temps : de ces premières préférences naquirent d'un côté la vanité et le mépris, de l'autre la honte et l'envie, et la fermentation causée par ces nouveaux levains produisit enfin des composés funestes au bonheur et à l'innocence.

Sitôt que les hommes eurent commencé à s'apprécier mutuellement, et que l'idée de la considération fut formée dans leur esprit, chacun prétendit y avoir droit, et il ne fut plus possible d'en manquer impunément pour personne. De là sortirent les premiers devoirs de la civilité, même parmi les sauvages, et de là tout tort volontaire devint un outrage, parce qu'avec le mal qui résultait de l'injure, l'offensé y voyait le mépris de sa personne souvent plus insupportable que le mal même. C'est ainsi que chacun punissant le mépris qu'on lui avait témoigné d'une manière proportionnée au cas qu'il faisait de lui-même, les vengeances devinrent terribles, et les hommes sanguinaires et cruels. Voilà précisément le degré où étaient parvenus la plupart des peuples sauvages qui nous sont connus ; et c'est faute d'avoir suffisamment distingué les idées, et remarqué combien ces peuples étaient déja loin du premier état de nature, que plusieurs se sont hâtés de conclure que l'homme est naturellement cruel, et qu'il a besoin de police pour l'adoucir, tandis que rien n'est si doux que lui dans son état primitif; lorsque, placé par la nature à des distances égales de la stupidité des brutes et des lumières funestes de l'homme civil, et borné également par l'instinct et par la raison à se garantir du mal qui le menace, il est retenu par la pitié naturelle de faire lui-même du mal à personne sans y être porté par rien, même après en avoir reçu. Car, selon l'axiome du sage Locke, *il ne saurait y avoir d'injure où il n'y a point de propriété.*

Mais il faut remarquer que la société commencée et les relations déja éta-

blies entre les hommes, exigeaient en
eux des qualités différentes de celles
qu'ils tenaient de leur constitution primitive; que la moralité commençant à
s'introduire dans les actions humaines,
et chacun avant les lois étant seul juge
et vengeur des offenses qu'il avait reçues, la bonté convenable au pur état
de nature n'était plus celle qui conve-
nait à la société naissante; qu'il fallait
que les punitions devinssent plus sévè-
res à mesure que les occasions d'offenser devenaient plus fréquentes, et
que c'était à la terreur des vengeances
de tenir lieu du frein des lois. Ainsi, quoique les hommes fussent devenus moins
endurants, et que la pitié naturelle
eût déja souffert quelque altération,
ce période du développement des facultés humaines, tenant un juste milieu
entre l'indolence de l'état primitif et
la pétulante activité de notre amour-
propre, dut être l'époque la plus heureuse et la plus durable. Plus on y ré-

fléchit, plus on trouve que cet état était le moins sujet aux révolutions, le meilleur à l'homme [16], et qu'il n'en a dû sortir que par quelque funeste hasard, qui, pour l'utilité commune, eût dû ne jamais arriver. L'exemple des sauvages qu'on a presque tous trouvés à ce point, semble confirmer que le genre humain était fait pour y rester toujours, que cet état est la véritable jeunesse du monde, et que tous les progrès ultérieurs ont été en apparence autant de pas vers la perfection de l'individu, et en effet vers la décrépitude de l'espèce.

Tant que les hommes se contentèrent de leurs cabanes rustiques, tant qu'ils se bornèrent à coudre leurs habits de peaux avec des épines ou des arêtes, à se parer de plumes et de coquillages, à se peindre le corps de diverses couleurs, à perfectionner ou embellir leurs arcs et leurs flèches, à tailler avec des pierres tranchantes quelques canots de pêcheurs ou quelques grossiers instruments de musique; en un mot, tant qu'ils ne s'appliquèrent qu'à des ouvrages qu'un seul pouvoit faire, et qu'à des arts qui n'avaient pas besoin du concours de plusieurs mains, ils vécurent libres, sains, bons et heureux autant qu'ils pouvaient l'être par leur nature, et continuèrent à jouir entre eux des douceurs d'un commerce indépendant : mais dès l'instant qu'un homme eut besoin du secours d'un autre, dès qu'on s'aperçut qu'il était utile à un seul d'avoir des provisions pour deux, l'égalité disparut, la propriété s'introduisit, le travail devint nécessaire, et les vastes forêts se changèrent en des campagnes riantes qu'il fallut arroser de la sueur des hommes, et dans lesquelles on vit bientôt l'esclavage et la misère germer et croître avec les moissons.

La métallurgie et l'agriculture furent les deux arts dont l'invention produisit cette grande révolution. Pour le poète, c'est l'or et l'argent; mais pour le philosophe, ce sont le fer et le blé qui ont civilisé les hommes, et perdu le genre humain. Aussi l'un et l'autre étaient-ils inconnus aux sauvages de l'Amérique, qui pour cela sont toujours demeurés tels ; les autres peuples semblent même être restés barbares tant qu'ils ont pratiqué l'un de ces arts sans l'autre. Et l'une des meilleures raisons peut-être pourquoi l'Europe a été, sinon plus tôt, du moins plus constamment et mieux policée que les autres parties du monde, c'est qu'elle est à-la-fois la plus abondante en fer et la plus fertile en blé.

Il est très-difficile de conjecturer comment les hommes sont parvenus à connaître et employer le fer : car il n'est pas croyable qu'ils aient imaginé d'eux-mêmes de tirer la matière de la mine, et de lui donner les préparations nécessaires pour la mettre en fusion avant que de savoir ce qui en résulterait. D'un autre côté, on peut d'autant moins attribuer cette découverte à quelque incendie accidentel, que les mines ne se forment que dans les lieux arides, et dénués d'arbres et de plantes; de sorte qu'on dirait que la nature avait pris des précautions pour nous dérober ce fatal secret. Il ne reste donc que la circonstance extraordinaire de quelque volcan, qui, vomissant des matières métalliques en fusion, aura donné aux observateurs l'idée d'imiter cette opération de la nature; encore faut-il leur supposer bien du courage et de la prévoyance pour entreprendre un travail aussi pénible, et envisager d'aussi loin les avantages qu'ils en pouvaient retirer; ce qui ne convient guère qu'à des esprits déja plus exercés que ceux-ci ne le devaient être.

Quant à l'agriculture, le principe en fut connu longtemps avant que la pratique en fût établie; et il n'est guère possible que les hommes, sans cesse occupés à tirer leur subsistance des arbres

et des plantes, n'eussent assez promp-
tement l'idée des voies que la nature
emploie pour la génération des végétaux ; mais leur industrie ne se tourna
probablement que fort tard de ce côté-
là, soit parce que les arbres, qui avec la
chasse et la pêche fournissaient à leur
nourriture, n'avaient pas besoin de leurs
soins, soit faute de connaître l'usage du
blé, soit faute d'instruments pour le
cultiver, soit faute de prévoyance pour
le besoin à venir, soit enfin faute de
moyens pour empêcher les autres de
s'approprier le fruit de leur travail. Devenus plus industrieux, on peut croire
qu'avec des pierres aiguës et des bâtons
pointus, ils commencèrent par cultiver
quelques légumes ou racines autour de
leurs cabanes, longtemps avant de savoir préparer le blé, et d'avoir les instruments nécessaires pour la culture en
grand ; sans compter que, pour se livrer
à cette occupation et ensemencer des
terres, il faut se résoudre à perdre d'a-

bord quelque chose pour gagner beaucoup dans la suite ; précaution fort éloignée du tour d'esprit de l'homme sauvage, qui, comme je l'ai dit, a bien de la peine à songer le matin à ses besoins du soir.

L'invention des autres arts fut donc nécessaire pour forcer le genre humain de s'appliquer à celui de l'agriculture. Dès qu'il fallut des hommes pour fondre et forger le fer, il fallut d'autres hommes pour nourrir ceux-là. Plus le nombre des ouvriers vint à se multiplier, moins il y eut de mains employées à fournir à la subsistance commune, sans qu'il y eût moins de bouches pour la consommer ; et comme il fallut aux uns des denrées en échange de leur fer, les autres trouvèrent enfin le secret d'employer le fer à la multiplication des denrées : de là naquirent d'un côté le labourage et l'agriculture, et de l'autre l'art de travailler les métaux, et d'en multiplier les usages.

De la culture des terres s'ensuivit nécessairement leur partage; et de la propriété une fois reconnue, les premières
règles de justice : car pour rendre à
chacun le sien, il faut que chacun puisse
avoir quelque chose ; de plus, les hommes commençant à porter leurs vues
dans l'avenir, et se voyant tous quelques biens à perdre, il n'y en avait aucun qui n'eût à craindre pour soi la re-
présaille des torts qu'il pouvait faire à
autrui. Cette origine est d'autant plus
naturelle, qu'il est impossible de concevoir l'idée de la propriété naissante d'ailleurs que de la main-d'œuvre ; car on ne
voit pas ce que, pour s'approprier les
choses qu'il n'a point faites, l'homme y
peut mettre de plus que son travail.
C'est le seul travail qui, donnant droit
au cultivateur sur le produit de la terre
qu'il a labourée, lui en donne par conséquent sur le fonds, au moins jusqu'à
la récolte, et ainsi d'année en année,
ce qui faisant une possession continue,

se transforme aisément en propriété.
Lorsque les anciens, dit Grotius, ont
donné à Cérès l'épithète de législatrice,
et à une fête célébrée en son honneur,
le nom de Thesmophories, ils ont fait
entendre par-là que le partage des terres
a produit une nouvelle sorte de droit,
c'est-à-dire, le droit de propriété différent de celui qui résulte de la loi naturelle.

Les choses en cet état eussent pu demeurer égales si les talents eussent été
égaux, et que, par exemple, l'emploi
du fer et la consommation des denrées
eussent toujours fait une balance exacte:
mais la proportion que rien ne maintenait fut bientôt rompue; le plus fort
faisait plus d'ouvrage; le plus adroit
tirait meilleur parti du sien; le plus in-
génieux trouvait des moyens d'abréger
le travail; le laboureur avait plus besoin de fer, ou le forgeron plus besoin
de blé, et en travaillant également, l'un
gagnait beaucoup tandis que l'autre

avait peine à vivre. C'est ainsi que l'inégalité naturelle se déploie insensiblement avec celle de combinaison, et que les différences des hommes, développées par celles des circonstances, et rendent plus sensibles, plus permanentes dans leurs effets, et commencent à influer dans la même proportion sur le sort des particuliers.

Les choses étant parvenues à ce point, il est facile d'imaginer le reste. Je ne m'arrêterai pas à décrire l'invention successive des autres arts, les progrès des langues, l'épreuve et l'emploi des talents, l'inégalité des fortunes, l'usage ou l'abus des richesses, ni tous les détails qui suivent ceux-ci et que chacun peut aisément suppléer. Je me bornerai seulement à jeter un coup-d'œil sur le genre humain placé dans ce nouvel ordre de choses.

Voilà donc toutes nos facultés développées, la mémoire et l'imagination en jeu, l'amour-propre intéressé, la raison rendue active, et l'esprit arrivé presque au terme de la perfection dont il est susceptible. Voilà toutes les qualités naturelles mises en action, le rang et le sort de chaque homme établi, non-seulement sur la quantité des biens et le pouvoir de servir ou de nuire, mais sur l'esprit, la beauté, la force ou l'adresse, sur le mérite ou les talents; et ces qualités étant les seules qui pouvaient attirer de la considération, il fallut bientôt les avoir ou les affecter. Il fallut pour son avantage se montrer autre que ce qu'on était en effet. Être et paraître devinrent deux choses tout-à-fait différentes, et de cette distinction sortirent le faste imposant, la ruse trompeuse et tous les vices qui en sont le cortège. D'un autre côté, de libre et indépendant qu'était auparavant l'homme, le voilà par une multitude de nouveaux besoins assujetti pour ainsi dire à toute la nature, et surtout à ses semblables, dont il devient l'esclave en un sens, même en

devenant leur maître ; riche, il a besoin
de leurs services ; pauvre, il a besoin de
leurs secours, et la médiocrité ne le met
point en état de se passer d'eux. Il faut
donc qu'il cherche sans cesse à les in-
téresser à son sort, et à leur faire trouver, en effet ou en apparence, leur profit à travailler pour le sien ; ce qui le
rend fourbe et artificieux avec les uns,
impérieux et dur avec les autres, et le
met dans la nécessité d'abuser tous ceux
dont il a besoin quand il ne peut s'en
faire craindre, et qu'il ne trouve pas
son intérêt à les servir utilement. Enfin
l'ambition dévorante, l'ardeur d'élever
sa fortune relative, moins par un véritable besoin que pour se mettre au dessus
des autres, inspirent à tous les hommes
un noir penchant à se nuire mutuellement, une jalousie secrète d'autant plus
dangereuse que, pour faire son coup
plus en sûreté, elle prend souvent le
masque de la bienveillance ; en un mot,
concurrence et rivalité d'une part, de

) l'autre, opposition d'intérêts, et toujours le desir caché de faire son profit aux
dépens d'autrui : tous ces maux sont le
premier effet de la propriété et le cortège inséparable de l'inégalité naissante.

Avant qu'on eût inventé les signes re-
présentatifs des richesses, elles ne pouvaient guère consister qu'en terres et en
bestiaux, les seuls biens réels que les
hommes puissent posséder. Or, quand
les héritages se furent accrus en nombre
et en étendue au point de couvrir le sol
entier et de se toucher tous, les uns ne
purent plus s'agrandir qu'aux dépens des
autres, et les surnuméraires que la faiblesse ou l'indolence avaient empêchés
d'en acquérir à leur tour, devenus pauvres sans avoir rien perdu, parce que
tout changeant autour d'eux, eux seuls
n'avaient point changé, furent obligés
de recevoir ou de ravir leur subsistance
de la main des riches ; et de là commencèrent à naître, selon les divers carac-

tères des uns et des autres, la domination et la servitude, ou la violence et les
rapines. Les riches, de leur côté, connurent à peine le plaisir de dominer,
qu'ils dédaignèrent bientôt tous les autres, et, se servant de leurs anciens esclaves pour en soumettre de nouveaux,
ils ne songèrent qu'à subjuguer et asservir leurs voisins ; semblables à ces loups
affamés qui, ayant une fois goûté de la
chair humaine, rebutent toute autre
nourriture, et ne veulent plus que dévorer des hommes.

C'est ainsi que les plus puissants ou
les plus misérables, se faisant de leur
force ou de leurs besoins une sorte de
droit au bien d'autrui, équivalent, selon eux, à celui de propriété, l'égalité
rompue fut suivie du plus affreux désordre ; c'est ainsi que les usurpations des
riches, les brigandages des pauvres, les
passions effrénées de tous, étouffant la
pitié naturelle et la voix encore faible
de la justice, rendirent les hommes ava-

res, ambitieux et méchants. Il s'élevait entre le droit du plus fort et le droit du premier occupant un conflit perpétuel qui ne se terminait que par des combats et des meurtres [17]. La société naissante fit place au plus horrible état de guerre : le genre humain avili et désolé, ne pouvant plus retourner sur ses pas ni renoncer aux acquisitions malheureuses qu'il avait faites, et ne travaillant qu'à sa honte par l'abus des facultés qui l'honorent, se mit lui-même à la veille de sa ruine.

Attonitus novitate mali, divesque, miserque,
Effugere optat opes, et quæ modò voverat, odit.

Il n'est pas possible que les hommes n'aient fait enfin des réflexions sur une situation aussi misérable, et sur les calamités dont ils étaient accablés. Les riches surtout durent bientôt sentir combien leur était désavantageuse une guerre perpétuelle dont ils faisaient seuls tous les frais, et dans laquelle le risque de la vie était commun, et celui des biens particulier. D'ailleurs, quelque couleur qu'ils pussent donner à leurs usurpations, ils sentaient assez qu'elles n'étaient établies que sur un droit précaire et abusif, et que n'ayant été acquises que par la force, la force pouvait les leur ôter sans qu'ils eussent raison de s'en plaindre. Ceux même que la seule industrie avait enrichis ne pouvaient guère fonder leur propriété sur de meilleurs titres. Ils avaient beau dire : C'est moi qui ai bâti ce mur; j'ai gagné ce terrain par mon travail. Qui vous a donné les alignements, leur pouvait-on répondre, et en vertu de quoi prétendez-vous être payé à nos dépens d'un travail que nous ne vous avons point imposé? Ignorez-vous qu'une multitude de vos frères périt ou souffre du besoin de ce que vous avez de trop, et qu'il vous fallait un consentement exprès et unanime du genre humain pour vous approprier sur la subsistance commune tout ce qui allait au-delà de la vôtre ? Destitué de raisons valables pour se justifier, et de forces suffisantes pour se défendre ; écrasant facilement un particulier, mais écrasé lui-même par des troupes de bandits ; seul contre tous, et ne pouvant, à cause des jalousies mutuelles, s'unir avec ses égaux contre des ennemis unis par l'espoir commun du pillage, le riche, pressé par la nécessité, conçut enfin le projet le plus réfléchi qui soit jamais entré dans l'esprit humain ; ce fut d'employer en sa faveur les forces même de ceux qui l'attaquaient, de faire ses défenseurs de ses adversaires, de leur inspirer d'autres maximes, et de leur donner d'autres institutions qui lui fussent aussi favorables que le droit naturel lui était contraire.

Dans cette vue, après avoir exposé à ses voisins l'horreur d'une situation qui les armait tous les uns contre les autres, qui leur rendait leurs possessions aussi onéreuses que leurs besoins, et où nul ne trouvait sa sûreté ni dans la pauvreté, ni dans la richesse, il inventa aisément des raisons spécieuses pour les amener à son but. « Unissons-nous, « leur dit-il, pour garantir de l'oppres- « sion les faibles, contenir les ambitieux, « et assurer à chacun la possession de « ce qui lui appartient ; instituons des « réglements de justice et de paix aux- « quels tous soient obligés de se con- « former, qui ne fassent acception de « personne, et qui réparent en quelque « sorte les caprices de la fortune, en « soumettant également le puissant et « le faible à des devoirs mutuels. En un « mot, au lieu de tourner nos forces « contre nous-mêmes, rassemblons-les « en un pouvoir suprême qui nous gou- « verne selon de sages lois, qui protège « et défende tous les membres de l'as- « sociation, repousse les ennemis com- « m ns, et nous maintienne dans une « concorde éternelle. »

Il en fallut beaucoup moins que l'équivalent de ce discours pour entraîner des hommes grossiers, faciles à séduire, qui d'ailleurs avaient trop d'affaires à démêler entre eux pour pouvoir se passer d'arbitres, et trop d'avarice et d'ambition pour pouvoir longtemps se passer de maître. Tous coururent au devant de leurs fers, croyant assurer leur liberté; car avec assez de raison pour sentir les avantages d'un établissement politique, ils n'avaient pas assez d'expérience pour en prévoir les dangers: les plus capables de pressentir les abus étaient précisément ceux qui comptaient d'en profiter, et les sages même virent qu'il fallait se résoudre à sacrifier une partie de leur liberté à la conservation de l'autre, comme un blessé se fait couper le bras pour sauver le reste du corps.

Telle fut ou dut être l'origine de la société et des lois, qui donnèrent de nouvelles entraves au faible et de nouvelles forces au riche, [18] détruisirent sans retour la liberté naturelle, fixèrent pour jamais la loi de la propriété et de l'inégalité, d'une adroite usurpation firent un droit irrévocable, et pour le profit de quelques ambitieux assujettirent désormais tout le genre humain au travail, à la servitude et à la misère. On voit aisément comment l'établissement d'une seule société rendit indispensable celui de toutes les autres, et comment, pour faire tête à des forces unies, il fallut s'unir à son tour. Les sociétés se multipliant ou s'étendant rapidement, couvrirent bientôt toute la surface de la terre, et il ne fut plus possible de trouver un seul coin dans l'univers où l'on pût s'affranchir du joug, et soustraire sa tête au glaive souvent mal conduit que chaque homme vit perpétuellement suspendu sur la sienne. Le droit civil étant ainsi devenu la règle commune des citoyens, la loi de nature n'eut plus lieu qu'entre les diverses sociétés, où, sous le nom de droit des gens, elle fut tempérée par quelques conventions tacites pour rendre le commerce possible, et suppléer à la commisération naturelle, qui, perdant de société à société presque toute la force qu'elle avait d'homme à homme, ne réside plus que dans quelques grandes ames cosmopolites qui franchissent les barrières imaginaires qui séparent les peuples, et qui, à l'exemple de l'être souverain qui les a créées, embrassent tout le genre humain dans leur bienveillance.

Les corps politiques restant ainsi entre eux dans l'état de nature, se ressentirent bientôt des inconvéniens qui avaient forcé les particuliers d'en sortir, et cet état devint encore plus funeste entre ces grands corps, qu'il ne l'avait été auparavant entre les individus dont ils étaient composés : de là sortirent les guerres nationales, les batailles, les meurtres, les représailles qui font frémir la nature et choquent la raison, et tous ces préjugés horribles qui placent au rang des vertus l'honneur de répandre le sang humain. Les plus honnêtes gens apprirent à compter parmi leurs devoirs celui d'égorger leurs semblables : on vit enfin les hommes se massacrer par milliers sans savoir pourquoi ; et il se commettait plus de meurtres en un seul jour de combat, et plus d'horreurs à la prise d'une seule ville, qu'il ne s'en était commis dans l'état de nature durant des siècles entiers sur toute la face de la terre. Tels sont les premiers effets qu'on entrevoit de la division du genre humain en différentes sociétés. Revenons à leur institution.

Je sais que plusieurs ont donné d'autres origines aux sociétés politiques, comme les conquêtes du plus puissant ou l'union des faibles ; et le choix entre ces causes est indifférent à ce que je veux établir : cependant celle que je viens d'exposer me paraît la plus naturelle par les raisons suivantes. 1°. Que dans le premier cas, le droit de conquête n'étant point un droit, n'en a pu fonder aucun autre, le conquérant et les peuples conquis restant toujours entre eux dans l'état de guerre, à moins que la nation remise en pleine liberté ne choisisse volontairement son vainqueur pour son chef. Jusques-là, quelques capitulations qu'on ait faites, comme elles n'ont été fondées que sur la violence, et que par conséquent elles sont nulles par le fait même, il ne peut y avoir dans cette hypothese, ni véritable société, ni corps politique, ni d'autre loi que celle du plus fort. 2°. Que ces mots de *fort* et de *faible* sont équivoques dans le second cas ; que, dans l'intervalle qui se trouve entre l'établissement du droit de propriété ou de premier occupant, et celui des gouvernements politiques, le sens de ces termes est mieux rendu par ceux de *pauvre* et de *riche*, parce qu'en effet un homme n'avait point, avant les lois, d'autre

moyen d'assujettir ses égaux qu'en at-
taquant leur bien ou leur faisant quelque part du sien. 3°. Que les pauvres
n'ayant rien à perdre que leur liberté,
c'eût été une grande folie à eux de s'ô-
ter volontairement le seul bien qui leur
restait pour ne rien gagner en échange;
qu'au contraire les riches étant pour
ainsi dire sensibles dans toutes les parties de leurs biens, il était beaucoup
plus aisé de leur faire du mal, qu'ils
avaient par conséquent plus de précautions à prendre pour s'en garantir; et
qu'enfin il est raisonnable de croire
qu'une chose a été inventée par ceux à
qui elle est utile, plutôt que par ceux
à qui elle fait du tort.

Le gouvernement naissant n'eut point
une forme constante et régulière. Le
défaut de philosophie et d'expérience
ne laissait apercevoir que les inconvéniens présents; et l'on ne songeait à re-
médier aux autres qu'à mesure qu'ils se
présentaient. Malgré tous les travaux

des plus sages législateurs, l'état politique demeura toujours imparfait, parce
qu'il était presque l'ouvrage du hasard;
et que, mal commencé, le temps, en
découvrant les défauts et suggérant des
remèdes, ne put jamais réparer les vices de la constitution : on raccommodait
sans cesse, au lieu qu'il eût fallu commencer par nettoyer l'aire et écarter
tous les vieux matériaux, comme fit
Lycurgue à Sparte, pour élever ensuite
un bon édifice. La société ne consista
d'abord qu'en quelques conventions générales que tous les particuliers s'enga-
geaient à observer, et dont la commu-
nauté se rendait garante envers chacun
d'eux. Il fallut que l'expérience mon-
trât combien une pareille constitution
était faible, et combien il était facile
aux infracteurs d'éviter la conviction ou
le châtiment des fautes dont le public
seul devait être le témoin et le juge ; il
fallut que la loi fût éludée de mille manières ; il fallut que les inconvéniens et

les désordres se multipliassent continuellement, pour qu'on songeât enfin à confier à des particuliers le dangereux dépôt de l'autorité publique, et qu'on commît à des magistrats le soin de faire observer les délibérations du peuple : car de dire que les chefs furent choisis avant que la confédération fût faite, et que les ministres des lois existèrent avant les lois mêmes, c'est une supposition qu'il n'est pas permis de combattre sérieusement.

Il ne serait pas plus raisonnable de croire que les peuples se sont d'abord jetés entre les bras d'un maître absolu, sans condition et sans retour, et que le premier moyen de pourvoir à la sûreté commune qu'aient imaginé des hommes fiers et indomptés, a été de se précipiter dans l'esclavage. En effet, pourquoi se sont-ils donné des supérieurs, si ce n'est pour les défendre contre l'oppression, et protéger leurs biens, leurs libertés et leurs vies, qui sont pour

ainsi dire les éléments constitutifs de
leur être? Or dans les relations d'homme
à homme, le pis qui puisse arriver à
l'un étant de se voir à la discrétion de
l'autre, n'eût-il pas été contre le bon
sens de commencer par se dépouiller
entre les mains d'un chef des seules choses pour la conservation desquelles ils
avaient besoin de son secours ? Quel
équivalent eût-il pu leur offrir pour la
concession d'un si beau droit ? Et s'il
eût osé l'exiger sous le prétexte de les
défendre, n'eût-il pas aussitôt reçu la
réponse de l'apologue : Que nous fera
de plus l'ennemi ? Il est donc incontestable, et c'est la maxime fondamentale de tout le droit politique, que les
peuples se sont donnés des chefs pour
défendre leur liberté et non pour les
asservir. *Si nous avons un prince*, disait
Pline à Trajan, *c'est afin qu'il nous pré-
serve d'avoir un maître.*

Nos politiques font sur l'amour de la
liberté les mêmes sophismes que nos

philosophes ont faits sur l'état de nature : par les choses qu'ils voient ils jugent des choses très-différentes qu'ils n'ont pas vues ; et ils attribuent aux hommes un penchant naturel à la servitude par la patience avec laquelle ceux qu'ils ont sous les yeux supportent la leur, sans songer qu'il en est de la liberté comme de l'innocence et de la vertu, dont on ne sent le prix q'autant qu'on en jouit soi-même, et dont le goût se perd sitôt qu'on les a perdues. Je connais les délices de ton pays, disait Brasidas à un Satrape qui comparait la vie de Sparte à celle de Persépolis ; mais tu ne peux connaître les plaisirs du mien.

Comme un coursier indompté hérisse ses crins, frappe la terre du pied et se débat impétueusement à la seule approche du mors, tandis qu'un cheval dressé souffre patiemment la verge et l'éperon, l'homme barbare ne plie point sa tête au joug que l'homme civilisé porte sans

murmure, et il préfère la plus orageuse
liberté à un assujettissement tranquille.
Ce n'est donc pas par l'avilissement des
peuples asservis qu'il faut juger des dis-
positions naturelles de l'homme pour
ou contre la servitude, mais par les prodiges qu'ont faits tous les peuples libres
pour se garantir de l'oppression. Je sais
que les premiers ne font que vanter sans
cesse la paix et le repos dont ils jouissent dans leurs fers, et que *miserrimam
servitutem pacem appellant* : mais quand
je vois les autres sacrifier les plaisirs, le
repos, la richesse, la puissance et la vie
même à la conservation de ce seul bien
si dédaigné de ceux qui l'ont perdu ;
quand je vois des animaux nés libres et
abhorrant la captivité, se briser la tête
contre les barreaux de leur prison ;
quand je vois des multitudes de sauvages tout nus mépriser les voluptés européennes et braver la faim, le fer et la
mort pour ne conserver que leur indépendance, je sens que ce n'est pas à des

esclaves qu'il appartient de raisonner de liberté.

Quant à l'autorité paternelle dont plusieurs ont fait dériver le gouvernement absolu et toute la société, sans recourir aux preuves contraires de Locke et de Sidney, il suffit de remarquer que rien au monde n'est plus éloigné de l'esprit féroce du despotisme que la douceur de cette autorité qui regarde plus à l'avantage de celui qui obéit qu'à l'utilité de celui qui commande ; que par la loi de nature le père n'est le maître de l'enfant qu'aussi longtemps que son secours lui est nécessaire ; qu'au-delà de ce terme ils deviennent égaux, et qu'alors le fils, parfaitement indépendant du père, ne lui doit que du respect et non de l'obéissance ; car la reconnaissance est bien un devoir qu'il faut rendre, mais non pas un droit qu'on puisse exiger. Au lieu de dire que la société civile dérive du pouvoir paternel, il falloit dire au contraire que c'est d'elle que ce pouvoir tire sa principale force : un individu ne fut reconnu pour le pere de plusieurs que quand ils restèrent assemblés autour de lui. Les biens du père, dont il est véritablement le maitre, sont les liens qui retiennent ses enfans dans sa dependance, et il peut ne leur donner part à sa succession qu'à proportion qu'ils auront bien mérite de lui par une continuelle déférence à ses volontés. Or, loin que les sujets aient quelque faveur semblable à attendre de leur despote, comme ils lui appartiennent en propre, eux et tout ce qu'ils possèdent, ou du moins qu'il le prétend ainsi, ils sont reduits à recevoir comme une faveur ce qu'il leur laisse de leur propre bien ; il fait justice quand il les dépouille ; il fait grace quand il les laisse vivre.

En continuant d'examiner ainsi les faits par le droit, on ne trouverait pas plus de solidité que de vérité dans l'établissement volontaire de la tyrannie, et il serait difficile de montrer la validité d'un contrat qui n'obligerait qu'une des parties, où l'on mettrait tout d'un côté et rien de l'autre, et qui ne tournerait qu'au préjudice de celui qui s'engage. Ce système odieux est bien éloigné d'être même aujourd'hui celui des sages et bons monarques, et surtout des rois de France, comme on peut le voir en divers endroits de leurs édits, en particulier dans le passage suivant d'un écrit célèbre, publié en 1667 au nom et par les ordres de Louis XIV. *Qu'on ne dise donc point que le souverain ne soit pas sujet aux lois de son état, puisque la proposition contraire est une vérité du droit des gens que la flatterie a quelquefois attaquée, mais que les bons princes ont toujours défendue comme une divinité tutélaire de leurs états. Combien est-il plus légitime de dire avec le sage Platon, que la parfaite félicité d'un royaume est qu'un prince soit obéi de ses sujets, que le prince obéisse à la loi, et que la loi soit droite et toujours dirigée au bien public.* Je ne m'arrêterai point à rechercher si, la liberté étant la plus noble des facultés de l'homme, ce n'est pas dégrader sa nature, se mettre au niveau des bêtes esclaves de l'instinct, offenser même l'auteur de son être, que de renoncer sans réserve au plus précieux de tous ses dons; que de se soumettre à commettre tous les crimes qu'il nous défend, pour complaire à un maître féroce ou insensé, et si cet ouvrier sublime doit être plus irrité de voir détruire que déshonorer son plus bel ouvrage. Je négligerai, si l'on veut, l'autorité de Barbeyrac, qui déclare nettement, d'après Locke, que nul ne peut vendre sa liberté jusq'à se soumettre à une puissance arbitraire qui le traite à sa fantaisie : *car*, ajoute-t-il, *ce serait vendre sa propre vie, dont on n'est pas le maître.* Je demanderai seulement de quel droit ceux qui n'ont pas craint de s'avilir eux-mêmes jusqu'à ce point, ont pu soumettre leur postérité à la même ignominie, et renoncer pour elle à

des biens qu'elle ne tient point de leur
libéralité, et sans lesquels la vie méme
est onéreuse à tous ceux qui en sont
dignes ?

Pufendorff dit que tout de méme qu'on
transfère son bien à autrui par des conventions et des contrats, on peut aussi
se dépouiller de sa liberté en faveur de
quelqu'un. C'est là, ce me semble, un
fort mauvais raisonnement : car premièrement, le bien que j'aliène me devient
une chose tout-à-fait étrangère, et dont
l'abus m'est indifférent ; mais il m'im-
porte qu'on n'abuse point de ma liberté,
et je ne puis, sans me rendre coupable
du mal qu'on me forcera de faire, m'exposer à devenir l'instrument du crime ;
de plus, le droit de propriété n'étant que
de convention et d'institution humaine,
tout homme peut à son gré disposer de
ce qu'il possède ; mais il n'en est pas de
méme des dons essentiels de la nature,
tels que la vie et la liberté, dont il est
permis à chacun de jouir, et dont il est

au moins douteux qu'on ait droit de se
depouiller: en s'ôtant l'une, on dégrade
son être; en s'ôtant l'autre, on l'anéantit
autant qu'il est en soi; et, comme nul
bien temporel ne peut dédommager de
l'une et de l'autre, ce serait offenser à la
fois la nature et la raison que d'y renoncer à quelque prix que ce fut. Mais,
quand on pourrait aliéner sa liberté
comme ses biens, la différence serait
très-grande pour les enfants, qui ne jouissent des biens du père que par transmis-
sion de son droit, au lieu que la liberté
étant un don qu'ils tiennent de la nature en qualité d'hommes, leurs parents
n'ont eu aucun droit de les en depouiller; de sorte que comme pour établir
l'esclavage il a fallu faire violence à la
nature, il a fallu la changer pour perpétuer ce droit; et les jurisconsultes
qui ont gravement prononcé que l'enfant
d'un esclave naîtrait esclave, ont décidé
en d'autres termes qu'un homme ne naîtrait pas homme.

Il me paraît donc certain que non-seulement les gouvernements n'ont point commencé par le pouvoir arbitraire qui n'en est que la corruption, le terme extrême, et qui les ramène enfin à la seule loi du plus fort dont ils furent d'abord le remède; mais encore que quand même ils auraient ainsi commencé, ce pouvoir étant par sa nature illégitime, n'a pu servir de fondement aux droits de la société, ni par conséquent à l'inégalité d'institution.

Sans entrer aujourd'hui dans les recherches qui sont encore à faire sur la nature du pacte fondamental de tout gouvernement, je me borne, en suivant l'opinion commune, à considérer ici l'établissement du corps politique comme un vrai contrat entre le peuple et les chefs qu'il se choisit : contrat par lequel les deux parties s'obligent à l'observation des lois qui y sont stipulées et qui forment les liens de l'union. Le peuple ayant, au sujet des relations sociales, réuni toutes ses volontés en une seule, tous les articles sur lesquels cette volonté s'explique, deviennent autant de lois fondamentales qui obligent tous les membres de l'état sans exception, et l'une desquelles règle le choix et le pouvoir des magistrats chargés de veiller à l'exécution des autres. Ce pouvoir s'étend à tout ce qui peut maintenir la constitution, sans aller jusqu'à la changer. On y joint des honneurs qui rendent respectables les lois et leurs ministres, et pour ceux-ci personnellement des prérogatives qui les dédommagent des pénibles travaux que coûtent une bonne administration. Le magistrat, de son côté, s'oblige à n'user du pouvoir qui lui est confié que selon l'intention des commettants; à maintenir chacun dans la paisible jouissance de ce qui lui appartient, et à préférer en toute occasion l'utilité publique à son propre intérêt.

Avant que l'expérience eût montré, ou que la connaissance du cœur humain eût fait prévoir les abus inévitables d'une telle constitution, elle dut paraître d'autant meilleure, que ceux qui étaient chargés de veiller à sa conservation y étaient eux-mêmes les plus intéressés : car la magistrature et ses droits n'étant établis que sur les lois fondamentales, aussitôt qu'elles seraient détruites, les magistrats cesseraient d'être légitimes, le peuple ne serait plus tenu de leur obéir; et comme ce n'aurait pas été le magistrat, mais la loi qui aurait constitué l'essence de l'état, chacun rentrerait de droit dans sa liberté naturelle.

Pour peu qu'on y réflechit attentivement, ceci se confirmerait par de nouvelles raisons, et par la nature du contrat on verrait qu'il ne saurait être irrévocable : car s'il n'y avoit point de pouvoir supérieur qui pût être garant de la fidélité des contractants, ni les forcer à remplir leurs engagements réciproques, les parties demeureraient seuls juges dans leur propre cause, et chacune d'el-

les aurait toujours le droit de renoncer
au contrat, sitôt qu'elle trouverait que
l'autre en enfreint les conditions, ou
qu'elles cesseraient de lui convenir. C'est
sur ce principe qu'il semble que le droit
d'abdiquer peut être fondé. Or, à ne
considérer, comme nous faisons, que
l'institution humaine, si le magistrat qui
a tout le pouvoir en main et qui s'approprie tous les avantages du contrat, avait
pourtant le droit de renoncer à l'autorité, à plus forte raison le peuple qui
paie toutes les fautes des chefs, devrait
avoir le droit de renoncer à la dépendance. Mais les dissensions affreuses,
les désordres infinis qu'entraînerait nécessairement ce dangereux pouvoir,
montrent plus que toute autre chose
combien les gouvernements humains
avaient besoin d'une base plus solide
que la seule raison, et combien il était
nécessaire au repos public que la volonté
divine intervînt pour donner à l'autorité
souveraine un caractère sacré et invio-

lable qui ôtât aux sujets le funeste droit d'en disposer. Quand la religion n'aurait fait que ce bien aux hommes, c'en serait assez pour qu'ils dussent tous la chérir et l'adopter, même avec ses abus, puisqu'elle épargne encore plus de sang que le fanatisme n'en fait couler : mais suivons le fil de notre hypothèse.

Les diverses formes des gouvernements tirent leur origine des différences plus ou moins grandes qui se trouvèrent entre les particuliers au moment de l'institution. Un homme était-il éminent en pouvoir, en vertu, en richesse ou en crédit? il fut seul élu magistrat, et l'état devint monarchique. Si plusieurs à-peu-près égaux entre eux l'emportaient sur tous les autres, ils furent élus conjointement, et l'on eut une aristocratie. Ceux dont la fortune ou les talents étaient moins disproportionnés, et qui s'étaient le moins éloignés de l'état de nature, gardèrent en commun l'administration suprême, et formèrent une démocratie. Le temps vérifia laquelle de ces formes était la plus avantageuse aux hommes. Les uns restèrent uniquement soumis aux lois, les autres obéirent bientôt à des maîtres. Les citoyens voulurent garder leur liberté, les sujets ne songèrent qu'à l'ôter à leurs voisins, ne pouvant souffrir que d'autres jouissent d'un bien dont ils ne jouissaient plus eux-mêmes. En un mot, d'un côté furent les richesses et les conquêtes, et de l'autre le bonheur et la vertu.

Dans ces divers gouvernements toutes les magistratures furent d'abord électives ; et quand la richesse ne l'emportait pas, la préférence était accordée au mérite qui donne un ascendant naturel, et à l'âge qui donne l'expérience dans les affaires et le sang-froid dans les délibérations. Les anciens des Hébreux, les gérontes de Sparte, le sénat de Rome, et l'étymologie même de notre mot *seigneur*, montrent combien autrefois la vieillesse était respectée. Plus les élections tombaient sur des hommes avancés en âge, plus elles devenaient fréquentes, et plus leurs embarras se faisaient sentir; les brigues s'introduisirent, les factions se formèrent, les partis s'aigrirent, les guerres civiles s'allumèrent, enfin le sang des citoyens fut sacrifié au prétendu bonheur de l'état, et l'on fut à la veille de retomber dans l'anarchie des temps antérieurs. L'ambition des principaux profita de ces circonstances pour perpétuer leurs charges dans leurs familles: le peuple, déja accoutumé à la dépendance, au repos et aux commodités de la vie, et déja hors d'état de briser ses fers, consentit à laisser augmenter sa servitude pour affermir sa tranquillité; et c'est ainsi que les chefs devenus héréditaires s'accoutumèrent à regarder la magistrature comme un bien de famille, à se regarder eux-mêmes comme les propriétaires de l'état dont ils n'étaient d'abord que les officiers, à appeler leurs concitoyens leurs esclaves, à les compler, comme du bétail, au nombre des choses qui leur appartenaient, et à s'appeler eux-mêmes égaux aux Dieux et Rois des Rois.

Si nous suivons le progrès de l'inégalité dans ces différentes révolutions, nous trouverons que l'établissement de la loi et du droit de propriété fut son premier terme, l'institution de la magistrature le second, que le troisième et dernier fut le changement du pouvoir légitime en pouvoir arbitraire ; en sorte que l'état de riche et de pauvre fut autorisé par la première époque, celui de puissant et de faible par la seconde, et par la troisième celui de maître et d'esclave, qui est le dernier degré de l'inégalité et le terme auquel aboutissent enfin tous les autres, jusqu'à ce que de nouvelles révolutions dissolvent tout-à-fait le gouvernement, ou le rapprochement de l'institution légitime.

Pour comprendre la nécessité de ce

progrès, il faut moins considérer les
motifs de l'établissement du corps politique, que la forme qu'il prend dans
son exécution et les inconvénients qu'il
entraîne après lui : car les vices qui rendent nécessaires les institutions sociales, sont les mêmes qui en rendent l'a-
bus inévitable; et comme, excepté la
seule Sparte, où la loi veillait principalement à l'éducation des enfants, et où
Lycurgue établit des mœurs qui les dis-
pensaient presque d'y ajouter des lois,
les lois en général, moins fortes que les
passions, contiennent les hommes sans
les changer; il serait aisé de prouver
que tout gouvernement qui, sans se cor-
rompre ni s'altérer, marcherait toujours
exactement selon la fin de son institution, aurait été institué sans nécessité;
et qu'un pays où personne n'éluderait
les lois et n'abuserait de la magistrature, n'aurait besoin ni de magistrats ni
de lois.

Les distinctions politiques amènent

nécessairement les distinctions civiles. L'inégalité croissant entre le peuple et ses chefs, se fait bientôt sentir parmi les particuliers, et s'y modifie en mille manières, selon les passions, les talents et les occurrences. Le magistrat ne saurait usurper un pouvoir illégitime sans se faire des créatures auxquelles il est forcé d'en céder quelque partie. D'ailleurs, les citoyens ne se laissent opprimer qu'autant que, entraînés par une aveugle ambition, et regardant plus au dessous qu'au dessus d'eux, la domination leur devient plus chère que l'indépendance, et qu'ils consentent à porter des fers pour en pouvoir donner à leur tour. Il est très-difficile de réduire à l'obéissance celui qui ne cherche point à commander, et le politique le plus adroit ne viendrait pas à bout d'assujettir des hommes qui ne voudraient qu'être libres ; mais l'inégalité s'étend sans peine parmi des ames ambitieuses et lâches, toujours prêtes à courir les risques de la fortune, et à

dominer ou servir presque indifférem-
ment, selon qu'elle leur devient favorable ou contraire. C'est ainsi qu'il dut
venir un temps où les yeux du peuple
furent fascinés à tel point, que ses con-
ducteurs n'avaient qu'à dire au plus petit
des hommes : Sois grand, toi et toute ta
race ; aussitôt il paraissait grand à tout le
monde ainsi qu'à ses propres yeux, et ses
descendants s'élevaient encore à mesure
qu'ils s'éloignaient de lui ; plus la cause
était reculée et incertaine, plus l'effet
augmentait ; plus on pouvait compter
de fainéants dans une famille, et plus
elle devenait illustre.

Si c'était ici le lieu d'entrer en des détails , j'expliquerais facilement comment , sans même que le gouvernement
s'en mêle, l'inégalité de crédit et d'autorité devient inévitable entre les particuliers [19], sitôt que , réunis en une même société, ils sont forcés de se comparer entre eux, et de tenir compte des
différences qu'ils trouvent dans l'usage

continuel qu'ils ont à faire les uns des autres. Ces différences sont de plusieurs espèces ; mais en général la richesse, la noblesse ou le rang, la puissance et le mérite personnel étant les distinctions principales par lesquelles on se mesure dans la société, je prouverais que l'accord ou le conflit de ces forces diverses est l'indication la plus sûre d'un état bien ou mal constitué : je ferais voir qu'entre ces quatre sortes d'inégalité, les qualités personnelles étant l'origine de toutes les autres, la richesse est la dernière à laquelle elles se réduisent à la fin, parce qu'étant la plus immédiatement utile au bien-être, et la plus facile à communiquer, on s'en sert aisément pour acheter tout le reste. Observation qui peut faire juger assez exactement de la mesure dont chaque peuple s'est éloigné de son institution primitive, et du chemin qu'il a fait vers le terme extrême de la corruption. Je remarquerais combien ce desir universel de réputation, d'honneurs et de préférences qui nous dévore tous, exerce et compare les talents et les forces, combien il excite et multiplie les passions, et combien, rendant tous les hommes concurrents, rivaux ou plutôt ennemis, il cause tous les jours de revers, de succès et de catastrophes de toute espèce, en faisant courir la même lice à tant de prétendants. Je montrerais que c'est à cette ardeur de faire parler de soi, à cette fureur de se distinguer qui nous tient presque toujours hors de nous-mêmes, que nous devons ce qu'il y a de meilleur et de pire parmi les hommes, nos vertus et nos vices, nos sciences et nos erreurs, nos conquérants et nos philosophes, c'est-à-dire, une multitude de mauvaises choses sur un petit nombre de bonnes. Je prouverais enfin que si l'on voit une poignée de puissants et de riches au faîte des grandeurs et de la fortune, tandis que la foule rampe dans l'obscurité et dans la misère, c'est que les premiers n'estiment les choses dont ils jouissent qu'autant que les autres en sont privés, et que, sans changer d'état, ils cesseraient d'être heureux si le peuple cessait d'être misérable.

Mais ces détails seraient seuls la matière d'un ouvrage considérable dans lequel on pèserait les avantages et les inconvénients de tout gouvernement, relativement aux droits de l'état de nature, et où l'on dévoilerait toutes les faces différentes sous lesquelles l'inégalité s'est montrée jusqu'à ce jour, et pourra se montrer dans les siècles futurs, selon la nature de ces gouvernements et les révolutions que le temps y amènera nécessairement. On verrait la multitude opprimée au dedans par une suite des précautions mêmes qu'elle avoit prises contre ce qui la menaçait au dehors; on verrait l'oppression s'accroître continuellement sans que les opprimés pussent jamais savoir quel terme elle aurait, ni quels moyens légitimes il leur resterait pour l'arrêter; on verrait les

droits des citoyens et les libertés nationales s'éteindre peu à peu, et les récla-
mations des faibles traitées de murmu-
res séditieux ; on verrait la politique res-
treindre à une portion mercenaire du
peuple l'honneur de défendre la cause
commune ; on verrait de là sortir la nécessité des impôts ; le cultivateur décou-
ragé quitter son champ même durant la
paix, et laisser la charrue pour ceindre
l'épée ; on verrait naître les règles funestes et bizarres du point d'honneur; on verrait les défenseurs de la patrie en devenir
tôt ou tard les ennemis, tenir sans cesse
le poignard levé sur leurs concitoyens,
et il viendrait un temps où on les enten-
drait dire à l'oppresseur de leurs pays :

PECTORE si fratris gladium juguloque parentis
Condere me jubeas, gravidæque in viscera partu
Conjugis, invitâ peragam tamen omnia dextrâ.

De l'extrême inégalité des conditions
et des fortunes, de la diversité des passions et des talents, des arts inutiles,
des arts pernicieux, des sciences frivo-

Il es sortiraient des foules de préjugés, également contraires à la raison, au bonheur et à la vertu; on verrait fomenter par les chefs tout ce qui peut affaiblir des hommes rassemblés en les désunissant, tout ce qui peut donner à la société un air de concorde apparente et y semer un germe de division réelle, tout ce qui peut inspirer aux différents ordres une défiance et une haine mutuelle par l'opposition de leurs droits et de leurs intérêts, et fortifier par conséquent le pouvoir qui les contient tous.

C'est du sein de ce désordre et de ces révolutions que le despotisme élevant par degrés sa tête hideuse, et dévorant tout ce qu'il aurait aperçu de bon et de sain dans toutes les parties de l'état, parviendrait enfin à fouler aux pieds les lois et le peuple, et à s'établir sur les ruines de la république. Les temps qui précéderaient ce dernier changement, seraient des temps de troubles et de calamités; mais à la fin tout serait englouti par le monstre, et les peuples n'auraient plus de chefs ni de lois, mais seulement des tyrans. Dès cet instant aussi il cesserait d'être question de mœurs et de vertu : car partout où règne le despotisme *cui ex honesto nulla est spes*, il ne souffre aucun maître ; sitôt qu'il parle, il n'y a ni probité, ni devoir à consulter, et la plus aveugle obéissance est la seule vertu qui reste aux esclaves.

C'est ici le dernier terme de l'inégalité, et le point extrême qui ferme le cercle et touche au point d'où nous sommes partis : c'est ici que tous les particuliers redeviennent égaux, parce qu'ils ne sont rien, et que les sujets n'ayant plus d'autre loi que la volonté du maître, ni le maître d'autre règle que ses passions, les notions du bien et les principes de la justice s'évanouissent derechef. C'est ici que tout se ramène à la seule loi du plus fort, et par conséquent à un nouvel état de nature différent de celui par lequel nous avons commencé, en ce que l'un était l'état de nature dans sa pureté, et que ce dernier est le fruit d'un excès de corruption. Il y a si peu de différence d'ailleurs entre ces deux états, et le contrat de gouvernement est tellement dissout par le despotisme, que le despote n'est le maître qu'aussi long-temps qu'il est le plus fort, et que sitôt qu'on peut l'expulser, il n'a point à réclamer contre la violence. L'émeute qui finit par étrangler ou détrôner un Sultan, est un acte aussi juridique que ceux par lesquels il disposait la veille des vies et des biens de ses sujets. La seule force le maintenait, la seule force le renverse; toutes choses se passent ainsi selon l'ordre naturel; et quel que puisse être l'événement de ces courtes et fréquentes révolutions, nul ne peut se plaindre de l'injustice d'autrui, mais seulement de sa propre imprudence ou de son malheur.

En découvrant et suivant ainsi les routes oubliées et perdues, qui de l'état naturel ont dû mener l'homme à l'état civil; en rétablissant, avec les positions intermédiaires que je viens de marquer, celles que le temps qui me presse m'a fait supprimer, ou que l'imagination ne m'a point suggérées, tout lecteur attentif ne pourra qu'être frappé de l'espace immense qui sépare ces deux états. C'est dans cette lente succession des choses qu'il verra la solution d'une infinité de problêmes de morale et de politique que les philosophes ne peuvent résoudre. Il sentira que le genre humain d'un âge n'étant pas le genre humain d'un autre âge, la raison pourquoi Diogène ne trouvait point d'homme, c'est qu'il cherchait parmi ses contemporains l'homme d'un temps qui n'était plus. Caton, dira-t-il, périt avec Rome et la liberté, parce qu'il fut déplacé dans son siècle; et le plus grand des hommes ne fit qu'étonner le monde qu'il eût gouverné cinq cents ans plus tôt. En un mot, il expliquera comment l'ame et les passions hu-

maines s'altérant insensiblement, changent pour ainsi dire de nature ; pourquoi l'homme originel s'évanouissant
par degrés, la société n'offre plus aux
yeux du sage qu'un assemblage d'hommes artificiels et de passions factices qui
sont l'ouvrage de toutes ces nouvelles
relations, et n'ont aucun vrai fondement
dans la nature. Ce que la réflexion nous
apprend là-dessus, l'observation le confirme parfaitement : l'homme sauvage
et l'homme policé diffèrent tellement
par le fond du cœur et des inclinations,
que ce qui fait le bonheur suprême de
l'un, réduirait l'autre au désespoir. Le
premier ne respire que le repos et la liberté, il ne veut que vivre et rester oisif, et l'ataraxie même du Stoïcien n'approche pas de sa profonde indifférence
pour tout autre objet. Au contraire, le
citoyen toujours actif, sue, s'agite, se
tourmente sans cesse pour chercher des
occupations encore plus laborieuses : il
travaille jusqu'à la mort, il y court même

pour se mettre en état de vivre, ou renonce à la vie pour acquérir l'immortalité. Il fait sa cour aux grands qu'il hait,
et aux riches qu'il méprise ; il n'épargne
rien pour obtenir l'honneur de les servir ; il se vante orgueilleusement de sa
bassesse et de leur protection, et, fier
de son esclavage, il parle avec dédain
de ceux qui n'ont pas l'honneur de le
partager. Quel spectacle pour un Caraïbe, que les travaux pénibles et envié
d'un ministre européen ! combien d
morts cruelles ne préférerait pas cet in
dolent sauvage à l'horreur d'une pareill
vie, qui souvent n'est pas même adou
cie par le plaisir de bien faire ! Mai
pour voir le but de tant de soins, i
faudrait que ces mots, *puissance* et *ré*
putation, eussent un sens dans son es
prit ; qu'il apprît qu'il y a une sorte
d'hommes qui comptent pour quelqu
chose les regards du reste de l'univers
qui savent être heureux et contents d'eu
mêmes sur le témoignage d'autrui plu

tôt que sur le leur propre. Telle est,
en effet, la véritable cause de toutes
ces différences : le sauvage vit en lui-
même ; l'homme sociable, toujours hors
de lui, ne sait vivre que dans l'opinion
des autres, et c'est pour ainsi dire de
leur seul jugement qu'il tire le sentiment de sa propre existence. Il n'est pas
de mon sujet de montrer comment d'une
telle disposition naît tant d'indifférence
pour le bien et le mal, avec de si beaux
discours de morale : comment, tout se
réduisant aux apparences, tout devient
factice et joué ; honneur, amitié, vertu,
et souvent jusqu'aux vices mêmes dont
on trouve enfin le secret de se glorifier ;
comment, en un mot, demandant toujours aux autres ce que nous sommes,
et n'osant jamais nous interroger là-
dessus nous-mêmes, au milieu de tant
de philosophie, d'humanité, de poli-
tesse et de maximes sublimes, nous n'a-
vons qu'un extérieur trompeur et frivole,
de l'honneur sans vertu, de la raison

sans sagesse et du plaisir sans bonheur. Il me suffit d'avoir prouvé que ce n'est point là l'état originel de l'homme, et que c'est le seul esprit de la société et l'inégalité qu'elle engendre, qui changent et altèrent ainsi toutes nos inclinations naturelles.

J'ai tâché d'exposer l'origine et le progrès de l'inégalité, l'établissement et l'abus des sociétés politiques, autant que ces choses peuvent se séduire de la nature de l'homme par les seules lumières de la raison, et indépendamment des dogmes sacrés qui donnent à l'autorité souveraine la sanction du droit divin. Il suit de cet exposé que l'inégalité, étant presque nulle dans l'état de nature, tire sa force et son accroissement du développement de nos facultés et des progrès de l'esprit humain, et devient enfin stable et légitime par l'établissement de la propriété et des lois. Il suit encore que l'inégalité morale, autorisée par le seul droit positif, est contraire au droit naturel toutes les fois qu'elle ne concourt pas en même proportion avec l'inégalité physique; distinction qui détermine suffisamment ce qu'on doit penser à cet égard de la sorte d'inégalité qui règne parmi tous les peuples policés, puisqu'il est manifestement contre la loi de nature, de quelque manière qu'on la définisse, qu'un enfant commande à un vieillard, qu'un imbécille conduise un homme sage, et qu'une poignée de gens régorge de superfluités, tandis que la multitude affamée manque du nécessaire.

NOTES.

Dédicace, page 7. 1. Hérodote raconte qu'après le meurtre du faux Smerdis, les sept libérateurs de la Perse s'étant assemblés pour délibérer sur la forme du gouvernement qu'ils donneraient à l'état, Otanès opina fortement pour la république; avis d'autant plus extraordinaire dans la bouche d'un Satrape, qu'outre la prétention qu'il pouvait avoir à l'empire, les grands craignent plus que la mort une sorte de gouvernement qui les force à respecter les hommes. Otanès, comme on peut bien croire, ne fut point écouté; et voyant qu'on allait procéder à l'élection d'un monarque, lui qui ne voulait ni obéir ni commander, céda volontairement aux autres concurrents son droit à la couronne, demandant pour tout dédommagement d'être libre et indépendant, lui et sa postérité; ce qui lui fut accordé. Quand Hérodote ne nous apprendrait pas la restriction qui fut mise à ce privilège, il faudrait nécessairement la supposer: autrement Otanès, ne reconnaissant aucune sorte de loi, et n'ayant de compte à rendre à personne, aurait été tout-puissant dans l'état, et plus puissant que le roi même. Mais il n'y avait guère d'apparence qu'un homme capable de se contenter en pareil cas d'un tel privilège, fût capable d'en abuser. En effet, on ne

voit pas que ce droit ait jamais causé le moindre
trouble dans le royaume, ni par le sage Otanès,
ni par aucun de ses descendants.

Préface, page 31. 2 Dès mon premier pas je
m'appuie avec confiance sur une de ces autorités
respectables pour les philosophes, parce qu'elles
viennent d'une raison solide et sublime qu'eux
seuls savent trouver et sentir.

« Quelque intérêt que nous ayons à nous connaî-
« tre nous-mêmes, je ne sais si nous ne connais-
« sons pas mieux tout ce qui n'est pas nous. Pour-
« vus par la nature d'organes uniquement destinés
« à notre conservation, nous ne les employons qu'à
« recevoir les impressions étrangères ; nous ne cher-
« chons qu'à nous répandre au dehors, et à exister
« hors de nous : trop occupés à multiplier les fonc-
« tions de nos sens et à augmenter l'étendue exté-
« rieure de notre être, rarement faisons-nous usa-
« ge de ce sens intérieur qui nous réduit à nos vraies
« dimensions, et qui sépare de nous tout ce qui
« n'en est pas. C'est cependant de ce sens dont il
« faut nous servir, si nous voulons nous connaître ;
« c'est le seul par lequel nous puissions nous juger ;
« mais comment donner à ce sens son activité et
« toute son étendue ? Comment dégager notre ame,
« dans laquelle il réside, de toutes les illusions de
« de notre esprit ? Nous avons perdu l'habitude de
« l'employer ; elle est demeurée sans exercice au

« milieu du tumulte de nos sensations corporelles;
« elle s'est desséchée par le feu de nos passions;
« le cœur, l'esprit, le sens, tout a travaillé comme
« elle. Hist. Nat. T. 4. pag. 151. de la Nat. de
« l'homme.»

Discours, page 49. [3] Les changements qu'un
long usage de marcher sur deux pieds a pu produire dans la conformation de l'homme, les rapports qu'on observe encore entre ses bras et les jambes antérieures des quadrupèdes, et l'induction ti-
rée de leur manière de marcher, ont pu faire naître des doutes sur celle qui devait nous être la plu
naturelle. Tous les enfants commencent par marcher à quatre pieds, et ont besoin de notre exemple et de nos leçons pour apprendre à se tenir debout. Il y a même des nations sauvages, telles que
les Hottentots, qui, négligeant beaucoup les enfants, les laissent marcher sur les mains si longtemps qu'ils ont ensuite bien de la peine à les redresser; autant en font les enfants des Caraïbes des
Antilles. Il y a divers exemples d'hommes quadrupèdes, et je pourrais entre autres citer celui de cet
enfant qui fut trouvé en 1344 auprès de Hesse
où il avoit été nourri par des loups, et qui disait
depuis à la cour du prince Henri, que, s'il n'eût
tenu qu'à lui, il eût mieux aimé retourner avec
eux que de vivre parmi les hommes. Il avait tellement pris l'habitude de marcher comme ces ani-

maux, qu'il fallut lui attacher des pièces de bois
qui le forçaient à se tenir debout et en équilibre
sur ses deux pieds. Il en était de même de l'enfant qu'on trouva en 1694, dans les forêts de Li-
thuanie, et qui vivait parmi les ours. Il ne donnait, dit M. de Condillac, aucune marque de raison, marchait sur ses pieds et sur ses mains, n'a-
vait aucun langage, et formait des sons qui ne ressemblaient en rien à ceux d'un homme. Le petit
sauvage d'Hanovre, qu'on mena il y a plusieurs
années à la cour d'Angleterre, avait toutes les peines du monde à s'assujettir à marcher sur deux
pieds, et l'on trouva en 1719, deux autres sauvages dans les Pyrénées, qui couraient par les montagnes à la manière des quadrupèdes. Quant à ce
qu'on pourrait objecter que c'est se priver de l'u-
sage des mains dont nous tirons tant d'avantages,
outre que l'exemple des singes montre que la main
peut fort bien être employée des deux manières,
cela prouverait seulement que l'homme peut donner à ses membres une destination plus commode
que celle de la nature, et non que la nature a destiné l'homme à marcher autrement qu'elle ne lui
enseigne.

Mais il y a, ce me semble, de beaucoup meilleures raisons à dire pour soutenir que l'homme
est un bipède. Premièrement, quand on ferait voir
qu'il a pu d'abord être conformé autrement que
nous le voyons, et cependant devenir enfin ce

qu'il est, ce n'en serait pas assez pour conclure que
cela se soit fait ainsi : car après avoir montré la
possibilité de ces changements, il faudrait encore,
avant que de les admettre, en montrer au moins
la vraisemblance. De plus, si les bras de l'homme
paraissent avoir pu lui servir de jambes au besoin
c'est la seule observation favorable à ce systême,
sur un grand nombre d'autres qui lui sont contraires. Les principales sont, que la manière dont
la tête de l'homme est attachée à son corps, au lieu
de diriger sa vue horizontalement, comme l'ont
tous les autres animaux, et comme il l'a lui-même
en marchant debout, lui eût tenu, marchant à
quatre pieds, les yeux directement fichés vers la
terre, situation très-peu favorable à la conservation
de l'individu; que la queue qui lui manque, et
dont il n'a que faire marchant à deux pieds, est
utile aux quadrupèdes, et qu'aucun d'eux n'en est
privé; que le sein de la femme, très-bien situé pour
un bipède qui tient son enfant dans ses bras, l'est
si mal pour un quadrupède, que nul ne l'a placé
de cette manière; que le train de derrière étant
d'une excessive hauteur à proportion des jambes
de devant, ce qui fait que marchant à quatre nous
nous traînons sur les genoux, le tout eût fait un
animal mal proportionné et marchant peu commodément; que s'il eût posé le pied à plat, ainsi
que la main, il aurait eu dans la jambe postérieu-
re une articulation de moins que les autres ani-

maux; savoir, celle qui joint le canon au tibia; et qu'en ne posant que la pointe du pied, comme il aurait sans doute été contraint de faire, le tarse, sans parler de la pluralité des os qui le composent, paraît trop gros pour tenir lieu de canon, et ses articulations avec le métatarse et le tibia trop rapprochées pour donner à la jambe humaine, dans cette situation, la même flexibilité qu'ont celles des quadrupèdes. L'exemple des enfants étant pris dans un âge où les forces naturelles ne sont point encore développées, ni les membres raffermis, ne conclut rien du tout, et j'aimerais autant dire que les chiens ne sont pas destinés à marcher, parce qu'ils ne font que ramper quelques semaines après leur naissance. Les faits particuliers ont encore peu de force contre la pratique universelle de tous les hommes, même des nations qui, n'ayant eu aucune communication avec les autres, n'avaient pu rien imiter d'elles. Un enfant abandonné dans une forêt avant que de pouvoir marcher, et nourri par quelque bête, aura suivi l'exemple de sa nourrice en s'exerçant à marcher comme elle; l'habitude lui aura pu donner des facilités qu'il ne tenait point de la nature; et comme des manchots parviennent à force d'exercice à faire par leurs pieds tout ce que nous faisons de nos mains, il sera parvenu enfin à employer ses mains à l'usage des pieds.

Page 58. 4 S'il se trouvait parmi mes lecteurs

quelque assez mauvais physicien pour me faire des difficultés sur la supposition de cette fertilité naturelle de la terre, je vais lui répondre par le passage suivant.

« Comme les végétaux tirent pour leur nourri-
« ture beaucoup plus de substance de l'air et de
« l'eau qu'ils n'en tirent de la terre, il arrive qu'en
« pourrissant ils rendent à la terre plus qu'ils n'en
« ont tiré; d'ailleurs, une forêt détermine les eaux
« de la pluie en arrêtant les vapeurs. Ainsi, dans
« un bois que l'on conserverait bien longtemps sans
« y toucher, la couche de terre qui sert à la végé-
« tation augmenterait considérablement; mais les
« animaux rendant moins à la terre qu'ils n'en ti-
« rent, et les hommes faisant des consommations
« énormes de bois et de plantes pour le feu et pour
« d'autres usages, il s'ensuit que la couche de terre
« végétale d'un pays habité doit toujours diminuer
« et devenir enfin comme le terrain de l'Arabie
« Pétrée, et comme celui de tant d'autres pro-
« vinces de l'orient, qui est en effet le climat le
« plus anciennement habité, où l'on ne trouve
« que du sel et des sables : car le sel fixe des plan-
« tes et des animaux reste, tandis que toutes les
« autres parties se volatilisent. M. de Buffon,
« Hist. Nat. »

On peut ajouter à cela la preuve du fait par la quantité d'arbres et de plantes de toute espèce, dont étaient remplies presque toutes les îles dé-

sertes qui ont été découvertes dans ces derniers
siècles, et par ce que l'histoire nous apprend des
forêts immenses qu'il a fallu abattre par toute la
terre à mesure qu'elle s'est peuplée ou policée. Sur
quoi je ferai encore les trois remarques suivantes.
L'une, que s'il y a une sorte de végétaux qui puisse
compenser la déperdition de matière végétale qui
se fait par les animaux, selon le raisonnement de
M. de Buffon, ce sont surtout les bois, dont les
têtes et les feuilles rassemblent et s'approprient plus
d'eaux et de vapeurs que ne font les autres plantes.
La secconde, que la destruction du sol, c'est-à-dire,
la perte de la substance propre à la végétation,
doit s'accélérer à proportion que la terre est plus
cultivée, et que les habitants plus industrieux con-
somment en plus grande abondance ses productions
de toute espèce. Ma troisième et plus importante
remarque est que les fruits des arbres fournissent
à l'animal une nourriture plus abondante que ne
peuvent faire les autres végétaux ; expérience que
j'ai faite moi-même, en comparant les produits
de deux terrains égaux en grandeur et en qualité,
l'un couvert de châtaigners et l'autre semé de blé.

Page 58. 5 Parmi les quadrupèdes, les deux distinctions les plus universelles des espèces voraces se
tirent, l'une de la figure des dents, et l'autre de
la conformation des intestins. Les animaux qui
ne vivent que de végétaux ont tous les dents pla-
tes, comme le cheval, le bœuf, le mouton, le liè-

vre; mais les voraces les ont pointues, comme le chat, le chien, le loup, le renard. Et quant aux intestins, les frugivores en ont quelques-uns, tels que le colon, qui ne se trouvent pas dans les animaux voraces. Il semble donc que l'homme, ayant les dents et les intestins comme les animaux frugivores, devrait naturellement être rangé dans cette classe; et non-seulement les observations anatomiques confirment cette opinion, mais les monuments de l'antiquité y sont encore très-favorables. « Dicéarque, dit S.-Jérôme, rapporte dans ses li- « vres des antiquités grecques, que, sous le règne « de Saturne, où la terre était encore fertile par « elle-même, nul homme ne mangeait de chair, « mais que tous vivaient des fruits et des légumes « qui croissaient naturellement » (liv. 2. Adv. Jovinian.) Cette opinion se peut encore appuyer sur les relations de plusieurs voyageurs modernes; François Corréal témoigne entre autres que la plupart des habitants des Lucayes que les Espagnols transportèrent aux îles de Cuba, de S. Domingue et ailleurs, moururent pour avoir mangé de la chair. On peut voir par là que je néglige bien des avantages que je pourrais faire valoir. Car la proie étant presque l'unique sujet de combat entre les animaux carnaciers et les frugivores vivant entre eux dans une paix continuelle, si l'espèce humaine était de ce dernier genre, il est clair qu'elle aurait eu beaucoup plus de facilité à subsister dans l'état de nature, beaucoup moins de besoin et d'occasions d'en sortir.

Page 6r. 6 Toutes les connaissances qui deman-dent de la réflexion, toutes celles qui ne s'acquiè-rent que par l'enchaînement des idées et ne se per-fectionnent que successivement, semblent être tout-à-fait hors de la portée de l'homme sauvage, faute de communication avec ses semblables, c'est-à-dire, faute de l'instrument qui sert à cette communica-tion et des besoins qui la rendent nécessaire. Son savoir et son industrie se bornent à sauter, courir, se battre, lancer une pierre, escalader un arbre. Mais s'il ne sait que ces choses, en revanche il les sait beaucoup mieux que nous qui n'en avons pas le même besoin que lui; et comme elles dépen-dent uniquement de l'exercice du corps, et ne sont susceptibles d'aucune communication ni d'aucun progrès d'un individu à l'autre, le premier hom-me a pu y être tout aussi habile que ses dernier descendants.

Les relations des voyageurs sont pleines d'exem-ples de la force et de la vigueur des hommes chez les nations barbares et sauvages ; elles ne vantent guère moins leur adresse et leur légèreté; et comme il ne faut que des yeux pour observer ces choses, rien n'empêche qu'on ajoute foi à ce que certifient là-dessus des témoins oculaires: j'en tire au hazard quelques exemples des premiers livres qui me tom-bent sous la main.

« Les Hottentots, dit Kolben, entendent mieux
« la pêche que les Européens du Cap. Leur habi-
« leté est égale au filet, à l'hameçon et au dard, dans
« les anses comme dans les rivières. Ils ne pren-
« nent pas moins habilement le poisson avec la
« main. Ils sont d'une adresse incomparable à la
« nage. Leur manière de nager a quelque chose de
« surprenant et qui leur est tout-à-fait propre. Ils
« nagent le corps droit et les mains étendues hors
« de l'eau, de sorte qu'ils paraissent marcher sur
« la terre. Dans la plus grande agitation de la mer,
« et lorsque les flots forment autant de montagnes,
« ils dansent en quelque sorte sur le dos des vagues,
« montant et descendant comme un morceau de
« liège.

« Les Hottentots, dit encore le même auteur,
« sont d'une adresse surprenante à la chasse, et la
« légèreté de leur course passe l'imagination. » Il
s'étonne qu'ils ne fassent pas plus souvent un mauvais usage de leur agilité; ce qui leur arrive pourtant quelquefois, comme on peut juger par l'exemple qu'il en donne. « Un matelot hollandais, en
« débarquant au Cap, chargea, dit-il, un Hotten-
« tot de le suivre à la ville avec un rouleau de ta-
« bac d'environ vingt livres. Lorsqu'ils furent tous
« deux à quelque distance de la troupe, le Hot-
« tentot demanda au matelot s'il savait courir.
« Courir ! répond le Hollandais, oui, fort bien.
« Voyons, reprit l'Africain, et fuyant avec le ta-

« bac, il disparut presque aussitôt. Le matelot, con-
« fondu de cette merveilleuse vîtesse, ne pensa
« point à le poursuivre, et ne revit jamais ni son
« tabac ni son porteur.

« Ils ont la vue si prompte et la main si certaine,
« que les Européens n'en approchent point. A cent
« pas ils toucheront d'un coup de pierre une mar-
« que de la grandeur d'un demi-sou ; et ce qu'il
« y a de plus étonnant, c'est qu'au lieu de fixer
« comme nous les yeux sur le but, ils font des
« mouvements et des contorsions continuelles. Il
« semble que leur pierre soit portée par une main
« invisible. »

Le P. du Tertre dit à-peu-près sur les sauvages
des Antilles, les mêmes choses qu'on vient de lire
sur les Hottentots du cap de Bonne-Espérance. Il
vante surtout leur justesse à tirer avec leurs flèches
les oiseaux au vol et les poissons à la nage, qu'ils
prennent ensuite en plongeant. Les sauvages de l'A-
mérique septentrionale ne sont pas moins célèbres
par leur force et par leur adresse ; et voici un exemple qui pourra faire juger de celles des Indiens de
l'Amérique méridionale.

En l'année 1746, un Indien de Buenos-Aires
ayant été condamné aux galères à Cadix, proposa
au gouvernement de racheter sa liberté en exposant
sa vie dans une fête publique. Il promit qu'il at-
taqueroit seul le plus furieux taureau, sans autre
arme en main qu'une corde ; qu'il le terrasserait,

qu'il le saisirait avec sa corde par telle partie qu'on indiquerait, qu'il le sellerait, le briderait, le monterait, et combattrait ainsi monté, deux autres taureaux des plus furieux qu'on ferait sortir du Torillo, et qu'il les mettrait tous à mort l'un après l'autre dans l'instant qu'on le lui commanderait, et sans le secours de personne; ce qui lui fut accordé. L'Indien tint parole, et réussit dans tout ce qu'il avait promis; sur la manière dont il s'y prit et sur tout le détail du combat, on peut consulter le premier Tome in-12. des Observations sur l'histoire naturelle de M. Gautier, d'où ce fait est tiré, page 262.

Page 65. 7 « La durée de la vie des chevaux,
« dit M. de Buffon, est, comme dans toutes les
« autres espèces d'animaux, proportionnée à la
« durée du temps de leur accroissement. L'homme
« qui est quatorze ans à croître peut vivre six ou sept
« fois autant de temps, c'est-à-dire, quatre-vingt-
« dix ou cent ans; le cheval, dont l'accroissement
« se fait en quatre ans, peut vivre six ou sept fois
« autant, c'est-à-dire, vingt-cinq ou trente ans. Les
« exemples qui pourraient être contraires à cette
« règle sont si rares, qu'on ne doit pas même les
« regarder comme une exception dont on puisse
« tirer des conséquences; et comme les gros che-
« vaux prennent leur accroissement en moins de
« temps que les chevaux fins, ils vivent aussi moins
« de temps, et sont vieux dès l'âge de quinze ans. »

Page 65. [8] Je crois voir entre les animaux carnaciers et les frugivores une autre différence encore
plus générale que celle que j'ai remarquée dans la
note [5], puisque celle-ci s'étend jusqu'aux oiseaux.
Cette différence consiste dans le nombre des petits,
qui n'excède jamais deux à chaque portée, pour
les espèces qui ne vivent que de végétaux, et qui
va ordinairement au-delà de ce nombre pour les
animaux voraces. Il est aisé de connaître à cet
égard la destination de la nature par le nombre
des mamelles, qui n'est que de deux dans chaque femelle de la première espèce, comme la ju-
ment, la vache, la chèvre, la biche, la brebis, etc.
et qui est toujours de six ou de huit dans les autres femelles, comme la chienne, la chatte, la
louve, la tigresse, etc. La poule, l'oie, la canne,
qui sont toutes des oiseaux voraces, ainsi que l'ai-
gle, l'épervier, la chouette, pondent aussi et couvent un grand nombre d'œufs, ce qui n'arrive jamais à la colombe, à la tourterelle, ni aux oiseaux qui ne mangent absolument que du grain,
lesquels ne pondent et ne couvent guère que deux
œufs à la fois. La raison qu'on peut donner de cette
différence est que les animaux qui ne vivent que
d'herbes et de plantes, demeurant presque tout le
jour à la pâture, et étant forcés d'employer beaucoup de temps à se nourrir, ne pourraient suffi-
re à alaiter plusieurs petits, au lieu que les voraces faisant leur repas presqu'en un instant, peu-

vent plus aisément et plus souvent retourner à leurs petits et à leur chasse, et réparer la dissipation d'une si grande quantité de lait. Il y aurait à tout ceci bien des observations particulières et des réflexions à faire; mais ce n'en est pas ici le lieu, et il me suffit d'avoir montré dans cette partie le système le plus général de la nature, système qui fournit une nouvelle raison de tirer l'homme de la classe des animaux carnaciers, et de le ranger parmi les espèces frugivores.

Page 77. 9 Un auteur célèbre, calculant les biens et les maux de la vie humaine, et comparant les deux sommes, a trouvé que la dernière surpassait l'autre de beaucoup, et qu'à tout prendre, la vie était pour l'homme un assez mauvais présent. Je ne suis point surpris de sa conclusion; il a tiré tous ses raisonnements de la constitution de l'homme civil : s'il fût remonté jusqu'à l'homme naturel, on peut juger qu'il eût trouvé des résultats très-différents, qu'il eût aperçu que l'homme n'a guère de maux que ceux qu'il s'est donnés lui-même, et que la nature eût été justifiée. Ce n'est pas sans peine que nous sommes parvenus à nous rendre si malheureux. Quand d'un côté l'on considère les immenses travaux des hommes, tant de sciences approfondies, tant d'arts inventés, tant de forces employées, des abymes comblés, des montagnes rasées, des rochers brisés, des fleuves rendus navigables, des terres défrichées, des lacs

ereusés, des marais desséchés, des bâtiments énormes élevés sur la terre, la mer couverte de vaisseaux et de matelots; et que de l'autre on recher-
che avec un peu de méditation les vrais avantages qui ont résulté de tout cela pour le bonheur de
l'espèce humaine, on ne peut qu'être frappé de l'é-
tonnante disproportion qui règne entre ces choses,
et déplorer l'aveuglement de l'homme, qui, pour
nourrir son fol orgueil et je ne sais quelle vaine
admiration de lui-même, le fait courir avec ardeur
après toutes les misères dont il est susceptible, et
que la bienfaisante nature avait pris soin d'écarter de lui.

Les hommes sont méchants: une triste et continuelle expérience dispense de la preuve; cependant l'homme est naturellement bon, je crois l'a-
voir démontré. Qu'est-ce donc qui peut l'avoir dépravé à ce point, sinon les changements survenus
dans sa constitution, les progrès qu'il a faits, et
les connaissances qu'il a acquises? Qu'on admire
tant qu'on voudra la société humaine, il n'en sera
pas moins vrai qu'elle porte nécessairement les
hommes à s'entre-haïr à proportion que leurs intérêts se croisent, à se rendre mutuellement des
services apparents et à se faire en effet tous les
maux imaginables. Que peut-on penser d'un commerce où la raison de chaque particulier lui dicte
des maximes directement contraires à celles que la
raison publique prêche au corps de la société, et

où chacun trouve son compte dans le malheur d'autrui ? Il n'y a peut-être pas un homme aisé à qui des héritiers avides et souvent ses propres enfants ne souhaitent la mort en secret; pas un vaisseau en mer dont le naufrage ne fût une bonne nouvelle pour quelque négociant; pas une maison qu'un débiteur de mauvaise foi ne voulût voir brûler avec tous les papiers qu'elle contient; pas un peuple qui ne se réjouisse des désastres de ses voisins. C'est ainsi que nous trouvons notre avantage dans le préjudice de nos semblables, et que la perte de l'un fait presque toujours la prospérité de l'autre : mais ce qu'il y a de plus dangereux encore, c'est que les calamités publiques font l'attente et l'espoir d'une multitude de particuliers. Les uns veulent des maladies, d'autres la mortalité, d'autres la guerre, d'autres la famine; j'ai vu des hommes affreux pleurer de douleur aux apparences d'une année fertile, et le grand et funeste incendie de Londres qui coûta la vie ou les biens à tant de malheureux, fit peut-être la fortune à plus de dix mille personnes. Je sais que Montaigne blâme l'Athénien Démades d'avoir fait punir un ouvrier qui, vendant fort cher des cercueils, gagnait beaucoup à la mort des citoyens : mais la raison que Montaigne allègue étant qu'il faudrait punir tout le monde, il est évident qu'elle confirme les miennes. Qu'on pénètre donc au travers de nos frivoles démonstrations de bienveillance ce qui se passe

au fond des cœurs, et qu'on réfléchisse à ce que
doit être un état de choses où tous les hommes
sont forcés de se caresser et de se détruire mutuellement, et où ils naissent ennemis par devoir et
fourbes par intérêt. Si l'on me répond que la société est tellement constituée que chaque homme
gagne à servir les autres, je répliquerai que cela serait fort bien s'il ne gagnait encore plus à leur nuire.
Il n'y a point de profit si légitime qui ne soit sur-
passé par celui qu'on peut faire illégitimement, et
le tort fait au prochain est toujours plus lucratif
que les services. Il ne s'agit donc plus que de trouver les moyens de s'assurer l'impunité, et c'est à
quoi les puissants emploient toutes leurs forces,
et les faibles toutes leurs ruses.

L'homme sauvage, quand il a dîné, est en paix
avec toute la nature et l'ami de tous ses semblables. S'agit-il quelquefois de disputer son repas ?
il n'en vient jamais aux coups sans avoir auparavant comparé la difficulté de vaincre avec celle de
trouver ailleurs sa subsistance ; et comme l'orgueil
ne se mêle pas du combat, il se termine par quelques coups de poing : le vainqueur mange, le vaincu
va chercher fortune, et tout est pacifié. Mais chez
l'homme en société, ce sont bien d'autres affaires ;
il s'agit premièrement de pourvoir au nécessaire,
et puis au superflu, ensuite viennent les délices,
et puis les immenses richesses, et puis des sujets,
et puis des esclaves ; il n'a pas un moment de re-

lâche: ce qu'il y a de plus singulier, c'est que moins les besoins sont naturels et pressants, plus les passions augmentent, et, qui pis est, le pouvoir de les satisfaire; de sorte qu'après de longues prospérités, après avoir englouti bien des trésors et désolé bien des hommes, mon héros finira par tout égorger jusqu'à ce qu'il soit l'unique maître de l'univers. Tel est en abrégé le tableau moral, sinon de la vie humaine, au moins des prétentions secrètes du cœur de tout homme civilisé.

Comparez sans préjugés l'état de l'homme civil avec celui de l'homme sauvage, et recherchez, si vous le pouvez, combien, outre sa méchanceté, ses besoins et ses misères, le premier a ouvert de nouvelles portes à la douleur et à la mort. Si vous considérez les peines d'esprit qui nous consument, les passions violentes qui nous épuisent et nous désolent, les travaux excessifs dont les pauvres sont surchargés, la mollesse encore plus dangereuse à laquelle les riches s'abandonnent, et qui font mourir les uns de leurs besoins et les autres de leurs excès. Si vous songez aux monstrueux mélanges des aliments, à leurs pernicieux assaisonnements, aux denrées corrompues, aux drogues falsifiées, aux friponneries de ceux qui les vendent, aux erreurs de ceux qui les administrent, au poison des vaisseaux dans lesquels on les prépare; si vous faites attention aux maladies épidémiques engendrées par le mauvais air parmi des multitudes d'hommes ras-

semblés, à celles qu'occasionnent la délicatesse de
notre manière de vivre, les passages alternatifs de
l'intérieur de nos maisons au grand air, l'usage de
nos habillements pris ou quittés avec trop peu de
précaution, et tous les soins que notre sensualité
excessive a tournés en habitudes nécessaires, et
dont la négligence ou la privation nous coûte ensuite la vie ou la santé ; si vous mettez en ligne
de compte les incendies et les tremblements de
terre qui, consumant ou renversant des villes en-
tières, en font périr les habitants par milliers ; en
un mot, si vous réunissez les dangers que toutes
ces causes assemblent continuellement sur nos têtes,
vous sentirez combien la nature nous fait payer cher
le mépris que nous avons fait de ses leçons.

Je ne répéterai point ici sur la guerre ce que j'en
ai dit ailleurs ; mais je voudrais que les gens instruits voulussent ou osassent donner une fois au public le détail des horreurs qui se commettent dans
les armées par les entrepreneurs des vivres et des
hôpitaux ; on verrait que les manœuvres, non
trop secrètes, par lesquelles les plus brillantes armées se fondent en moins de rien, font plus périr
de soldats que n'en moissonne le fer ennemi ; c'est
encore un calcul non moins étonnant que celui des
hommes que la mer engloutit tous les ans , soit
par la faim, soit par le scorbut, soit par les pira-
tes, soit par le feu , soit par les naufrages. Il est
clair qu'il faut mettre aussi sur le compte de la

propriété établie, et par conséquent de la société, les assassinats, les empoisonnements, les vols de grands chemins, et les punitions même de ces crimes, punitions nécessaires pour prévenir de plus grands maux, mais qui, pour le meurtre d'un homme, coûtant la vie à deux ou davantage, ne laissent pas de doubler réellement la perte de l'espèce humaine. Combien de moyens honteux d'empêcher la naissance des hommes et de tromper la nature? soit par ces goûts brutaux et dépravés qui insultent son plus charmant ouvrage, goûts que les sauvages ni les animaux ne connurent jamais, et qui ne sont nés dans les pays policés que d'une imagination corrompue; soit par ces avortemens secrets, dignes fruits de la débauche et de l'honneur vicieux; soit par l'exposition ou le meurtre d'une multitude d'enfants, victimes de la misère de leurs parents ou de la honte barbare de leurs mères; soit enfin par la mutilation de ces malheureux dont une partie de l'existence et toute la postérité sont sacrifiées à de vaines chansons, ou, ce qui est pis encore, à la brutale jalousie de quelques hommes: mutilation qui, dans ce dernier cas, outrage doublement la nature, et par le traitement que reçoivent ceux qui la souffrent, et par l'usage auquel ils sont destinés.

Mais n'est-il pas mille cas plus fréquens et plus dangereux encore, où les droits paternels offensent ouvertement l'humanité? Combien de talens enfouis et d'inclinations forcées par l'imprudente contrain-e des pères! Combien d'hommes se seraient distingués dans un état sortable, qui meurent malheureux et déshonorés dans un autre état pour lequel ils n'avaient aucun goût! Combien de mariages heureux mais inégaux ont été rompus ou troublés, et combien de chastes épouses déshonorées par cet ordre des conditions toujours en contradiction avec celui de la nature! Combien d'autres unions bizarres formées par l'intérêt et désavouée par l'amour et par la raison! Combien même d'époux honnétes et vertueux font mutuellement leur supplice pour avoir été mal assortis! Combien de jeunes et malheureuses victimes de l'avarice de leurs parens se plongent dans le vice, ou passent leurs tristes jours dans les larmes, et gémissent dans des liens indissolubles que le cœur repousse et que l'or seul a formés! Heureuses quelquefois celles que leur courage et leur vertu même arrachent à la vie avant qu'une violence barbare les force à la passer dans le crime ou dans le désespoir! Pardonnez-le moi, père et mère à jamais déplorables: j'aigris à regret vos douleurs; mais puissent-elles servir d'exemple éternel et terrible à quiconque ose, au nom même de la nature, violer le plus sacré de ses droits!

Si je n'ai parlé que de ces nœuds mal formés qui sont l'ouvrage de notre police, pense-t-on que ceux où l'amour et la sympathie ont présidé soient euxmémes exempts d'inconvénients? Que serait-ce si

j'entreprenais de montrer l'espèce humaine attaquée
dans sa source même, et jusques dans le plus saint
de tous les liens, où l'on n'ose plus écouter la nature qu'après avoir consulté la fortune, et où le
désordre civil confondant les vertus et les vices, la
continence devient criminelle, et le refus de donner
la vie à son semblable un acte d'humanité? Mais
sans déchirer le voile qui couvre tant d'horreurs,
contentons-nous d'indiquer le mal auquel d'autres
doivent apporter le remède.

Qu'on ajoute à tout cela cette quantité de métiers
mal sains qui abrègent les jours ou détruisent le
tempérament, tels que sont les travaux des mines,
les diverses préparations des métaux, des minéraux,
sur-tout du plomb, du cuivre, du mercure, du co-
bolt, de l'arsenic, du réalgal: ces autres métiers
périlleux qui coûtent tous les jours la vie à quantité
d'ouvriers, les uns couvreurs, d'autres charpentiers,
d'autres maçons, d'autres travaillant aux carrières;
qu'on réunisse, dis - je, tous ces objets, et l'on
pourra voir dans l'établissement et la perfection des
sociétés les raisons de la diminution de l'espèce,
observée par plus d'un philosophe.

Le luxe, impossible à prévenir chez des hommes
avides de leurs propres commodités et de la considération des autres, achève bientôt le mal que les
sociétés ont commencé, et, sous prétexte de faire
vivre les pauvres qu'il n'eût pas fallu faire, il ap-
pauvrit tout le reste, et dépeuple l'état tôt ou tard.

Le luxe est un remède beaucoup pire que le mal
qu'il prétend guérir, ou plutôt il est lui-même le
pire de tous les maux, dans quelque état grand ou
petit que ce puisse être, et qui, pour nourrir des
foules de valets et de misérables qu'il a faits, acca-
ble et ruine le laboureur et le citoyen; semblable à
ces vents brûlans du midi qui, couvrant l'herbe et
la verdure d'insectes dévorans, ôtent la subsistance
aux animaux utiles, et portent la disette et la mort
dans tous les lieux où ils se font sentir.

De la société et du luxe qu'elle engendre, naissent les arts libéraux et mécaniques, le commerce,
les lettres, et toutes ces inutilités qui font fleurir
l'industrie, enrichissent et perdent les états. La
raison de ce dépérissement est très-simple. Il est
aisé de voir que par sa nature l'agriculture doit être
le moins lucratif de tous les arts, parce que son
produit étant de l'usage le plus indispensable pour
tous les hommes, le prix en doit être proportionné
aux facultés des plus pauvres. Du même principe
on peut tirer cette règle, qu'en général les arts sont
lucratifs en raison inverse de leur utilité, et que les
plus nécessaires doivent enfin devenir les plus né-
gligés: par où l'on voit ce qu'il faut penser des vrais
avantages de l'industrie et de l'effet réel qui résulte
de ses progrès.

Telles sont les causes sensibles de toutes les misères où l'opulence précipite enfin les nations les
plus admirées. A mesure que l'industrie et les arts

s'étendent et fleurissent, le cultivateur méprisé, chargé d'impôts nécessaires à l'entretien du luxe, et condamné à passer sa vie entre le travail et la faim, abandonne ses champs pour aller chercher dans les villes le pain qu'il y devrait porter. Plus les capitales frappent d'admiration les yeux stupides du peuple, plus il faudrait gémir de voir les campagnes abandonnées, les terres en friche, et les grands chemins inondés de malheureux citoyens devenus mendians ou voleurs, et destinés à finir un jour leur misère sur la roue ou sur un fumier. C'est ainsi que l'état, s'enrichissant d'un côté, s'affaiblit et se dépeuple de l'autre, et que les plus puissantes monarchies, après bien des travaux pour se rendre opulentes et désertes, finissent par devenir la proie des nations pauvres qui succombent à la funeste tentation de les envahir, et qui s'enrichissent et s'affaiblissent à leur tour, jusqu'à ce qu'elles soient elles-mêmes envahies et détruites par d'autres.

Qu'on daigne nous expliquer une fois ce qui avait pu produire ces nuées de barbares qui, durant tant de siècles, ont inondé l'Europe, l'Asie et l'Afrique. Était-ce à l'industrie de leurs arts, à la sagesse de leurs lois, à l'excellence de leur police, qu'ils devaient cette prodigieuse population? Que nos savans veuillent bien nous dire pourquoi, loin de multiplier à ce point, ces hommes féroces et brutaux, sans lumières, sans frein, sans éducation, ne s'entrégorgeaient pas tous à chaque instant, pour se

disputer leur pâture ou leur chasse? Qu'ils nous ex-
pliquent comment ces misérables ont eu seulement
la hardiesse de regarder en face de si habiles gens
que nous étions, avec une si belle discipline mili-
taire, de si beaux codes, de si sages lois? Enfin
pourquoi, depuis que la société s'est perfectionnée
dans les pays du nord, et qu'on y a tant pris de
peine pour apprendre aux hommes leurs devoirs
mutuels, et l'art de vivre agréablement et paisiblement ensemble, on n'en voit plus rien sortir de
semblable à ces multitudes d'hommes qu'il produisait autrefois? J'ai bien peur que quelqu'un ne s'a-
vise à la fin de me répondre que toutes ces grandes
choses; savoir, les arts, les sciences et les lois
ont été très-sagement inventés par les hommes,
comme une peste salutaire pour prévenir l'excessive multiplication de l'espèce, de peur que ce
monde, qui nous est destiné, ne devînt à la fin trop
petit pour ses habitans.

Quoi donc! faut-il détruire les sociétés, anéantir
le tien et le mien, et retourner vivre dans les forêts
avec les ours? Conséquence à la manière de mes
adversaires, que j'aime autant prévenir que de leur
laisser la honte de la tirer. O vous, à qui la voix
céleste ne s'est point fait entendre, et qui ne recon-
naissez pour votre espèce d'autre destination que
l'achever en paix cette courte vie; vous qui pouvez
laisser au milieu des villes vos funestes acquisitions,
vos esprits inquiets, vos cœurs corrompus et vos

desirs effrénés, reprenez, puisqu'il dépend de vous, votre antique et première innocence ; allez dans les bois perdre la vue et la mémoire des crimes de vos contemporains, et ne craignez point d'avilir votre espèce en renonçant à ses lumières pour renoncer à ses vices. Quant aux hommes semblables à moi, dont les passions ont détruit pour toujours l'originelle simplicité, qui ne peuvent plus se nourrir d'herbe et de glands, ni se passer de lois et de chefs ; ceux qui furent honorés dans leur premier père de leçons surnaturelles, ceux qui verront dans l'intention de donner d'abord aux actions humaines une moralité qu'elles n'eussent de long-temps acquise, la raison d'un précepte indifférent par lui-même et inexplicable dans tout autre système ; ceux, en un mot, qui sont convaincus que la voix divine appela tout le genre humain aux lumières et au bonheur des célestes intelligences ; tous ceux-là tâcheront, par l'exercice des vertus qu'ils s'obligent à pratiquer en apprenant à les connaître, à mériter le prix éternel qu'ils en doivent attendre ; ils respecteront les sacrés liens des sociétés dont ils sont les membres ; ils aimeront leurs semblables, et les serviront de tout leur pouvoir ; ils obéiront scrupuleusement aux lois, et aux hommes qui en sont les auteurs et les ministres ; ils honoreront surtout les bons et sages princes qui sauront prévenir, guérir ou pallier cette foule d'abus et de maux toujours prêts à nous accabler ; ils animeront le zèle de ces dignes chefs,

en leur montrant sans crainte et sans flatterie la
grandeur de leur tâche et la rigueur de leur devoir :
mais ils n'en mépriseront pas moins une constitution qui ne peut se maintenir qu'à l'aide de tant de
gens respectables qu'on desire plus souvent qu'on ne
les obtient, et de laquelle, malgré tous leurs soins,
naissent toujours plus de calamités réelles que d'a-
vantages apparents.

Page 78. 1o Parmi les hommes que nous connaissons, ou par nous-mêmes, ou par les historiens,
ou par les voyageurs, les uns sont noirs, les autres
blancs, les autres rouges ; les uns portent de longs
cheveux, les autres n'ont que de la laine frisée ;
les uns sont presque tous velus, les autres n'ont pas
même de barbe ; il y a eu et il y a peut-être encore
des nations d'hommes d'une taille gigantesque ; et
laissant à part la fable des pygmées, qui peut bien
n'être qu'une exagération, on sait que les Lapons et
sur-tout les Groenlendois sont fort au-dessous de la
taille moyenne de l'homme ; on prétend même qu'il
y a des peuples entiers qui ont des queues comme
les quadrupèdes ; et sans ajouter une foi aveugle
aux relations d'Hérodote et de Ctésias, on en peut
du moins tirer cette opinion très-vraisemblable, que
si l'on avait pu faire de bonnes observations dans
ces temps anciens où les peuples divers suivaient des
manières de vivre plus différentes entre elles qu'ils
ne font aujourd'hui, on y aurait aussi remarqué,
dans la figure et l'habitude du corps, des variétés

beaucoup plus frappantes. Tous ces faits, dont il
est aisé de fournir des preuves incontestables, ne
peuvent surprendre que ceux qui sont accoutumés
à ne regarder que les objets qui les environnent,
et qui ignorent les puissants effets de la diversité
des climats, de l'air, des alimens, de la manière
de vivre, des habitudes en général, et sur-tout la
force étonnante des mêmes causes, quand elles agissent continuellement sur de longues suites de générations. Aujourd'hui que le commerce, les voyages
et les conquêtes réunissent davantage les peuples
divers, et que leurs manières de vivre se rapprochent sans cesse par la fréquente communication,
on s'aperçoit que certaines différences nationales
ont diminué, et par exemple, chacun peut remarquer que les Français d'aujourd'hui ne sont plus ces
grands corps blancs et blonds décrits par les historiens latins, quoique le temps joint au mélange des
Francs et des Normands, blancs et blonds eux-mêmes, eût dû rétablir ce que la fréquentation des Romains avait pu ôter à l'influence du climat, dans
la constitution naturelle et le teint des habitants.
Toutes ces observations sur les variétés que mille
causes peuvent produire et ont produites en effet dans
l'espèce humaine, me font douter si divers animaux, semblables aux hommes, pris par les voyageurs pour des bêtes sans beaucoup d'examen, ou
à cause de quelques différences qu'ils remarquaient
dans la conformation extérieure, ou seulement

parce que ces animaux ne parlaient pas, ne seraient point en effet de véritables hommes sauvages, dont la race dispersée anciennement dans les
bois n'avait eu occasion de développer aucune de
ses facultés virtuelles, n'avait acquis aucun degré
de perfection, et se trouvait encore dans l'état primitif de nature. Donnons un exemple de ce que
je veux dire.

« On trouve, dit le traducteur de l'histoire des
« Voyages, dans le royaume de Congo, quantité
« de ces grands animaux qu'on nomme *Orangs-
« Outangs* aux Indes Orientales, qui tiennent
« comme le milieu entre l'espèce humaine et les
« Babouins. Battel raconte que dans les forêts de
« Mayomba, au royaume de Loango, on voit deux
« sortes de monstres dont les plus grands se nom-
« ment *Pongos* et les autres *Enjokos*. Les premiers
« ont une ressemblance exacte avec l'homme ; mais
« ils sont beaucoup plus gros, et de fort haute
« taille. Avec un visage humain, ils ont les yeux fort
« enfoncés. Leurs mains, leurs joues, leurs oreilles
« sont sans poil, à l'exception des sourcils qu'ils ont
« fort longs. Quoiqu'ils aient le reste du corps assez
« velu, le poil n'en est pas fort épais, et sa cou-
« leur est brune. Enfin la seule partie qui les distin-
« gue des hommes est la jambe qu'ils ont sans mol-
« let. Ils marchent droits, en se tenant de la main
« le poil du cou : leur retraite est dans les bois ;
« ils dorment sur les arbres, et s'y font une espèce

« de toit qui les met à couvert de la pluie. Leurs
« aliments sont des fruits ou des noix sauvages.
« Jamais ils ne mangent de chair. L'usage des
« Nègres qui traversent les forêts, est d'y allumer
« des feux pendant la nuit. Ils remarquent que le
« matin, à leur départ, les Pongos prennent leur
« place autour du feu, et ne se retirent pas qu'il
« ne soit éteint; car, avec beaucoup d'adresse, ils
« n'ont point assez de sens pour l'entretenir en y
« apportant du bois.

« Ils marchent quelquefois en troupes, et tuent
« les Nègres qui traversent les forêts. Ils tombent
« même sur les éléphants qui viennent paître dans
« les lieux qu'ils habitent, et les incommodent si
« fort à coups de poing ou de bâtons, qu'ils les
« forcent à prendre la fuite en poussant des cris.
« On ne prend jamais de Pongos en vie, parce
« qu'ils sont si robustes que dix hommes ne suffi-
« raient pas pour les arrêter; mais les Nègres en
« prennent quantité de jeunes après avoir tué la
« mère, au corps de laquelle le petit s'attache for-
« tement. Lorsqu'un de ces animaux meurt, les
« autres couvrent son corps d'un amas de bran-
« ches ou de feuillages. Parchass ajoute que dans
« les conversations qu'il avait eues avec Battel, il
« avait appris de lui-même qu'un Pongos lui en-
« leva un petit Nègre qui passa un mois entier dans
« la société de ces animaux; car ils ne font aucun
« mal aux hommes qu'ils surprennent, du moins

« lorsque ceux-ci ne les regardent point, comme
« le petit Nègre l'avait observé. Battel n'a point
« décrit la seconde espèce de monstre.

« Dapper confirme que le royaume de Congo est
« plein de ces animaux qui portent aux Indes le
« nom d'Orangs-Outangs, c'est-à-dire, habitants
« des bois, et que les Africains nomment Quojas-
« Morros. Cette bête, dit-il, est si semblable à
« l'homme, qu'il est tombé dans l'esprit à quel-
« ques voyageurs qu'elle pouvait être sortie d'une
« femme et d'un singe : chimère que les Nègres
« même rejettent. Un de ces animaux fut trans-
« porté de Congo en Hollande, et présenté au prince
« d'Orange Frédéric Henri. Il était de la hauteur
« d'un enfant de trois ans et d'un embonpoint mé-
« diocre, mais quarré et bien proportionné, fort
« agile et fort vif; les jambes charnues et robus-
« tes, tout le devant du corps nu, mais le der-
« rière couvert de poils noirs. A la première vue,
« son visage ressemblait à celui d'un homme, mais
« il avait le nez plat et recourbé; ses oreilles étaient
« aussi celles de l'espèce humaine; son sein, car
« c'était une femelle, était potelé, son nombril
« enfoncé, ses épaules fort bien jointes, ses mains
« divisées en doigts et en pouces, ses mollets et
« ses talons gras et charnus. Il marchait souvent
« droit sur ses jambes; il était capable de lever et
« porter des fardeaux assez lourds. Lorsqu'il vou-
« lait boire, il prenait d'une main le couvercle du

« pot, et tenait le fond de l'autre. Ensuite il s'es-
« suyait gracieusement les lèvres. Il se couchait
« pour dormir la tête sur un coussin, se couvrant
« avec tant d'adresse qu'on l'aurait pris pour un
« homme au lit. Les Nègres font d'étranges récits
« de cet animal. Ils assurent non-seulement qu'il
« force les femmes et les filles, mais qu'il ose at-
« taquer des hommes armés ; en un mot, il y a
« beaucoup d'apparence que c'est le Satyre des
« anciens. Merolla ne parle peut-être que de ces
« animaux, lorsqu'il raconte que les Nègres pren-
« nent quelquefois dans leurs chasses des hom-
« mes et des femmes sauvages. »

Il est encore parlé de ces espèces d'animaux an-
tropoformes dans le troisième tome de la même
histoire des Voyages, sous le nom de *Beggos* et de
Mandrills ; mais pour nous en tenir aux relations
précédentes, on trouve dans la description de ces
prétendus monstres des conformités frappantes avec
l'espèce humaine, et des différences moindres que
celles qu'on pourrait assigner d'homme à homme.
On ne voit point dans ces passages les raisons sur
lesquelles les auteurs se fondent pour refuser aux
animaux en question le nom d'hommes sauvages ;
mais il est aisé de conjecturer que c'est aussi de
leur stupidité, et aussi parce qu'ils ne parlaient
pas : raisons faibles pour ceux qui savent que, quoique l'organe de la parole soit naturel à l'homme, la
parole elle-même ne lui est pourtant pas naturelle,

et qui connaissent jusqu'à quel point sa perfectibilité peut avoir élevé l'homme civil au dessus de son
état originel. Le petit nombre de lignes que contiennent ces descriptions nous peut faire juger combien ces animaux ont été mal observés, et avec quels
préjugés ils ont été vus. Par exemple, ils sont qualifiés de monstres, et cependant on convient qu'ils
engendrent. Dans un endroit, Battel dit que les
Pongos tuent les Nègres qui traversent les forêts ;
dans un autre, Purchass ajoute qu'ils ne leur font
aucun mal, même quand ils les surprennent, du
moins lorsque les Nègres ne s'attachent pas à les
regarder. Les Pongos s'assemblent autour des feux
allumés par les Nègres quand ceux-ci se retirent,
et se retirent à leur tour quand le feu est éteint ;
voilà le fait, voici maintenant le commentaire de
l'observateur : *car avec beaucoup d'adresse , ils n'ont
pas assez de sens pour l'entretenir en y apportant du
bois.* Je voudrais deviner comment Battel ou Purchass son compilateur a pu savoir que la retraite
des Pongos était un effet de leur bêtise plutôt que de
leur volonté. Dans un climat tel que Loango , le feu
n'est pas une chose fort nécessaire aux animaux ; et
si les Nègres en allument, c'est moins contre le froid
que pour effrayer les bêtes féroces : il est donc très-
simple qu'après avoir été quelque temps réjouis par
la flamme, ou s'être bien réchauffés, les Pongos
s'ennuient de rester toujours à la même place, et
s'en aillent à leur pâture, qui demande plus de

temps que s'ils mangeaient de la chair. D'ailleurs, on sait que la plupart des animaux, sans en excepter l'homme, sont naturellement paresseux, et qu'ils se refusent à toutes sortes de soins qui ne sont pas d'une absolue nécessité. Enfin il paraît fort étrange que les Pongos dont on vante l'adresse et la force, les Pongos qui savent enterrer leurs morts et se faire des toits de branchages, ne sachent pas pousser des tisons dans le feu. Je me souviens d'avoir vu un singe faire cette même manœuvre qu'on ne veut pas que les Pongos puissent faire; il est vrai que mes idées n'étant pas alors tournées de ce côté, je fis moi-même la faute que je reproche à nos voyageurs, et je négligeai d'examiner si l'intention du singe était en effet d'entretenir le feu, ou simplement, comme je crois, d'imiter l'action d'un homme. Quoi qu'il en soit, il est bien démontré que le singe n'est pas une variété de l'homme, non - seulement parce qu'il est privé de la faculté de parler, mais surtout parce qu'on est sûr que son espèce n'a point celle de se perfectionner, qui est le caractère spécifique de l'espèce humaine : expériences qui ne paraissent pas avoir été faites sur le Pongos et l'Orang-Outang avec assez de soin pour en pouvoir tirer la même conclusion. Il y aurait pourtant un moyen par lequel, si l'Orang-Outang ou d'autres étaient de l'espèce humaine, les observateurs les plus grossiers pourraient s'en assurer même avec démonstration ; mais outre qu'une seule génération ne suffirait pas pour cette expérience, elle doit passer pour impraticable, parce qu'il faudrait que ce qui n'est qu'une supposition fût démontré vrai avant que l'épreuve qui devrait constater le fait pût être tentée innocemment.

Les jugements précipités, et qui ne sont point le fruit d'une raison éclairée, sont sujets à donner dans l'excès. Nos voyageurs font sans façon des bêtes sous les noms de *Pongos*, de *Mandrills*, d'*Orang-Outang*, de ces mêmes êtres dont, sous les noms de *Satyres*, de *Faunes*, de *Silvains*, les anciens faisaient des divinités. Peut-être, après des recherches plus exactes, trouvera-t-on que ce ne sont ni des bêtes ni des dieux, mais des hommes. En attendant, il me paraît qu'il y a bien autant de raison de s'en rapporter là-dessus à Merolla, religieux lettré, témoin oculaire, et qui, avec toute sa naïveté, ne laissait pas d'être homme d'esprit, qu'au marchand Battel, à Dapper, à Purchass et aux autres compilateurs.

Quel jugement pense-t-on qu'eussent porté de pareils observateurs sur l'enfant trouvé en 1694, dont j'ai parlé ci-devant, qui ne donnait aucune marque de raison, marchait sur ses pieds et sur ses mains, n'avait aucun langage, et formait des sons qui ne ressemblaient en rien à ceux d'un homme. Il fut longtemps, continue le même philosophe qui me fournit ce fait, avant de pouvoir proférer quelques paroles, encore le fit-il d'une manière barbare.

Aussitôt qu'il put parler, on l'interrogea sur son premier état ; mais il ne s'en souvint non plus que nous nous souvenons de ce qui nous est arrivé au berceau. Si malheureusement pour lui cet enfant fût tombé dans les mains de nos voyageurs, on ne peut douter qu'après avoir remarqué son silence et sa stupidité, ils n'eussent pris le parti de le renvoyer dans les bois ou de l'enfermer dans une ménagerie, après quoi ils en auraient savamment parlé dans de belles relations, comme d'une bête fort curieuse qui ressemblait assez à l'homme.

Depuis trois ou quatre cents ans que les habitants de l'Europe inondent les autres parties du monde, et publient sans cesse de nouveaux recueils de voyages et de relations, je suis persuadé que nous ne connaissons d'hommes que les seuls européens ; encore paraît-il, aux préjugés ridicules qui ne sont pas éteints, même parmi les gens de lettres, que chacun ne fait guère sous le nom pompeux d'étude de l'homme, que celle des hommes de son pays. Les particuliers ont beau aller et venir, il semble que la philosophie ne voyage point ; aussi celle de chaque peuple est-elle peu propre pour un autre? La cause de ceci est manifeste, au moins pour les contrées éloignées : il n'y a guère que quatre sortes d'hommes qui fassent des voyages de long cours, les marins, les marchands, les soldats et les missionnaires ; or, on ne doit guère s'attendre que les trois premières classes fournissent de bons observa-

teurs, et quant à ceux de la quatrième, occupés de
la vocation sublime qui les appelle, quand ils ne
seraient pas sujets à des préjugés d'état comme
tous les autres, on doit croire qu'ils ne se livreraient
pas volontiers à des recherches qui paraissent de
pure curiosité, et qui les détourneraient des travaux plus importants auxquels ils se destinent.
D'ailleurs, pour prêcher utilement l'évangile, il ne
faut que du zèle, et Dieu donne le reste ; mais,
pour étudier les hommes, il faut des talents que
Dieu ne s'engage à donner à personne, et qui ne
sont pas toujours le partage des saints. On n'ouvre
pas un livre de voyages où l'on ne trouve des descriptions de caractères et de mœurs ; mais on est tout
étonné d'y voir que ces gens qui ont tant décrit de
choses, n'ont dit que ce que chacun savoit déja, n'ont
su apercevoir à l'autre bout du monde que ce qu'il
n'eût tenu qu'à eux de remarquer sans sortir de
leur rue, et que ces traits vrais qui distinguent les
nations, et qui frappent les yeux faits pour voir,
ont presque toujours échappé aux leurs : de là est
venu ce bel adage de morale si rebattu par la tourbe
philosophesque, que les hommes sont partout les
mêmes ; qu'ayant partout les mêmes passions et les
mêmes vices, il est assez inutile de chercher à ca-
ractériser les différens peuples, ce qui est à peu
près aussi bien raisonné que si l'on disait qu'on ne
saurait distinguer Pierre d'avec Jacques, parce qu'ils
ont tous deux un nez, une bouche et des yeux.

I. 21

Ne verra-t-on jamais renaître ces temps heureux où les peuples ne se mêlaient point de philosopher, mais où les Platons, les Thalès et les Pythagores, épris d'un ardent desir de savoir, entreprenaient les plus grands voyages uniquement pour s'instruire, et allaient au loin secouer le joug des préjugés nationaux, apprendre à connaître les hommes par leurs conformités et par leurs différences, et acquérir ces connaissances universelles qui ne sont point celles d'un siècle ou d'un pays exclusivement, mais qui étant de tous les temps et de tous les lieux, sont, pour ainsi dire, la science commune des sages?

On admire la magnificence de quelques curieux qui ont fait ou fait faire à grands frais des voyages en Orient avec des savants et des peintres, pour y dessiner des masures et déchiffrer ou copier des inscriptions; mais j'ai peine à concevoir comment, dans un siècle où l'on se pique de belles connaissances, il ne se trouve pas deux hommes bien unis, riches, l'un en argent, l'autre en génie, tous deux aimant la gloire et aspirant à l'immortalité, dont l'un sacrifie vingt mille écus de son bien, et l'autre dix ans de sa vie à un célèbre voyage autour du monde, pour y étudier, non toujours des pierres et des plantes, mais une fois les hommes et les mœurs, et qui, après tant de siècles employés à mesurer et considérer la maison, s'avisent enfin d'en vouloir connaître les habitants.

Les académiciens qui ont parcouru les parties

septentrionales de l'Europe et méridionales de l'A-
mérique avaient plus pour objet de les visiter en géo-
mètres qu'en philosophes. Cependant, comme ils
étaient à la fois l'un et l'autre, on ne peut pas regarder comme tout-à-fait inconnues les régions qui
ont été vues et décrites par les la Condamine et les
Maupertuis. Le jouaillier Chardin, qui a voyagé
comme Platon, n'a rien laissé à dire sur la Perse :
la Chine paraît avoir été bien observée par les Jésui-
tes. Kempfer donne une idée passable du peu qu'il
a vu dans le Japon. A ces relations près, nous ne
connaissons point les peuples des Indes orientales,
fréquentées uniquement par des Européens plus
curieux de remplir leurs bourses que leurs têtes.
L'Afrique entière et ses nombreux habitants, aussi
singuliers par leur caractère que par leur couleur,
sont encore à examiner ; toute la terre est couverte
de nations dont nous ne connaissons que les noms,
et nous nous mêlons de juger le genre humain !
Supposons un Montesquieu, un Buffon, un Dide-
rot, un Duclos, un d'Alembert, un Condillac, ou
des hommes de cette trempe voyageant pour instruire leurs compatriotes, observant et décrivant,
comme ils savent faire, la Turquie, l'Égypte, la
Barbarie, l'empire de Maroc, la Guinée, les pays
des Caffres, l'intérieur de l'Afrique et ses côtes
orientales ; les Malabares, le Mogol, les rives du
Gange, les royaumes de Siam, de Pégu et d'Ava,
la Chine, la Tartarie, et surtout le Japon : puis

dans l'autre hémisphère, le Mexique, le Pérou, le
Chili, les terres magellaniques, sans oublier les
Patagons, vrais ou faux; le Tucuman, le Paraguai,
s'il était possible; le Bresil, enfin les Caraïbes, la
Floride et toutes les contrées sauvages, voyage le
plus important de tous et celui qu'il faudrait faire
avec le plus de soin : supposons que ces nouveaux
Hercules, de retour de ces courses mémorables,
fissent ensuite à loisir l'histoire naturelle, morale
et politique de ce qu'ils auraient vu, nous verrions
nous-mêmes sortir un monde nouveau de dessous
leur plume, et nous apprendrions ainsi à connaître
le nôtre : je dis que quand de pareils observateurs
affirmeront d'un tel animal que c'est un homme,
et d'un autre que c'est une bête, il faudra les en
croire; mais ce serait une grande simplicité de s'en
rapporter là-dessus à des voyageurs grossiers, sur
lesquels on serait quelquefois tenté de faire la même
question qu'ils se mêlent de résoudre sur d'autres
animaux.

Page 79. " Cela me paraît de la dernière évi-
dence, et je ne saurais concevoir d'où nos philosophes peuvent faire naître toutes les passions qu'ils
prêtent à l'homme naturel. Excepté le seul nécessaire physique que la nature même demande, tous
nos autres besoins ne sont tels que par l'habitude
avant laquelle ils n'étaient point des besoins, ou
par nos desirs, et l'on ne desire point ce qu'on n'est
pas en état de connaître : d'où il suit que l'homme

sauvage ne desirant que les choses qu'il connaît, et ne connaissant que celles dont la possession est en son pouvoir ou facile à acquérir, rien ne doit être si tranquille que son ame, et rien si borné que son esprit.

Page 88. [12] Je trouve dans le gouvernement civil de Locke, une objection qui me paraît trop spécieuse pour qu'il me soit permis de la dissimuler. « La « fin de la société entre le mâle et la femelle, dit « ce philosophe, n'étant pas simplement de pro-« créer, mais de continuer l'espèce, cette société « doit durer même après la procréation, du moins « aussi longtemps qu'il est nécessaire pour la nour-« riture et la conservation des procréés, c'est-à-« dire, jusqu'à ce qu'ils soient capables de pourvoir « eux-mêmes à leurs besoins. Cette règle, que la « sagesse infinie du créateur a établie sur les œu-« vres de ses mains, nous voyons que les créatures « inférieures à l'homme l'observent constamment « et avec exactitude. Dans ces animaux qui vivent « d'herbe, la société entre le mâle et la femelle ne « dure pas plus longtemps que chaque acte de co-« pulation, parce que les mamelles de la mère « étant suffisantes pour nourrir les petits jusqu'à ce « qu'ils soient capables de paître l'herbe, le mâle « se contente d'engendrer, et il ne se mêle plus « après cela de la femelle ni des petits, à la sub-« sistance desquels il ne peut rien contribuer. Mais « au regard des bêtes de proie, la société dure plus

« longtemps, à cause que la mère ne pouvant pas
« bien pourvoir à sa subsistance propre et nourrir
« en même temps ses petits par sa seule proie,
« qui est une voie de se nourrir et plus laborieuse
« et plus dangereuse que n'est celle de se nourrir
« d'herbe, l'assistance du mâle est tout-à-fait né-
« cessaire pour le maintien de leur commune fa-
« mille, si l'on peut user de ce terme, laquelle,
« jusqu'à ce qu'elle puisse aller chercher quelque
« proie, ne saurait subsister que par les soins du
« mâle et de la femelle. On remarque le même dans
« tous les oiseaux, si l'on excepte quelques oiseaux
« domestiques qui se trouvent dans les lieux où
« la continuelle abondance de nourriture exempte
« le mâle du soin de nourrir les petits : on voit que
« pendant que les petits dans leur nid ont besoin
« d'aliments, le mâle et la femelle y en portent,
« jusqu'à ce que ces petit -là puissent voler et pour-
« voir à leur subsistance.

« Et en cela, à mon avis, consiste la principale,
« si ce n'est la seule raison pourquoi le mâle et
« la femelle dans le genre humain sont obligés à
« une société plus longue que n'entretiennent les
« autres créatures. Cette raison est que la femme
« est capable de concevoir, et est pour l'ordinaire
« derechef grosse et fait un nouvel enfant, longtemps
« avant que le précédent soit hors d'état de se pas-
« ser du secours de ses parents, et puisse lui-même
« pourvoir à ses besoins. Ainsi un père étant obligé

« de prendre soin de ceux qu'il a engendrés, et de
« prendre ce soin-là pendant longtemps, il est aussi
« dans l'obligation de continuer à vivre dans la so-
« ciété conjugale avec la même femme de qui il les
« a eus, et de demeurer dans cette société beau-
« coup plus longtemps que les autres créatures,
« dont les petits pouvant subsister d'eux-mêmes
« avant que le temps d'une nouvelle procréation
« vienne, le lien du mâle et de la femelle se rompt
« de lui-même, et l'un et l'autre se trouvent dans
« une pleine liberté, jusqu'à ce que cette saison
« qui a coutume de solliciter les animaux à se join-
« dre ensemble, les oblige à se choisir de nouvelles
« compagnes. Et ici l'on ne saurait admirer assez
« la sagesse du créateur, qui, ayant donné à l'hom-
« me des qualités propres pour pourvoir à l'avenir
« aussi bien qu'au présent, a voulu et a fait en-
« sorte que la société de l'homme durât beaucoup
« plus longtemps que celle du mâle et de la femelle
« parmi les autres créatures, afin que par-là l'in-
« dustrie de l'homme et de la femme fut plus ex-
« citée, et que leurs intérêts fussent mieux unis,
« dans la vue de faire des provisions pour leurs en-
« fants et de leur laisser du bien, rien ne pouvant
« être plus préjudiciable à des enfants qu'une con-
« jonction incertaine et vague, ou une dissolution
« facile et fréquente de la société conjugale. »

Le même amour de la vérité qui m'a fait exposer sincèrement cette objection, m'excite à l'accom-

pagner de quelques remarques, sinon pour la résoudre, au moins pour l'éclaircir.

1°. J'observerai d'abord que les preuves morales
n'ont pas une grande force en matière de physique,
et qu'elles servent plutôt à rendre raison des faits
existants qu'à constater l'existence réelle de ces faits.
Or, tel est le genre de preuve que M. Locke emploie dans le passage que je viens de rapporter;
car quoiqu'il puisse être avantageux à l'espèce humaine que l'union de l'homme et de la femme soit
permanente, il ne s'ensuit pas que cela ait été ainsi
établi par la nature; autrement il faudrait dire
qu'elle a aussi institué la société civile, les arts,
le commerce et tout ce qu'on prétend être utile aux
hommes.

2°. J'ignore où M. Locke a trouvé qu'entre les
animaux de proie la société du mâle et de la femelle
dure plus longtemps que parmi ceux qui vivent
d'herbe, et que l'un aide à l'autre à nourrir les
petits; car on ne voit pas que le chien, le chat,
l'ours ni le loup reconnaissent leur femelle mieux
que le cheval, le bélier, le taureau, le cerf, ni
tous les autres quadrupèdes ne reconnaissent la
leur. Il semble au contraire que si le secours du
mâle était nécessaire à la femelle pour conserver
ses petits, ce serait surtout dans les espèces qui ne
vivent que d'herbes, parce qu'il faut fort longtemps à la mère pour paître, et que durant tout
cet intervalle elle est forcée de négliger sa portée,

au lieu que la proie d'une ourse ou d'une louve est dévorée en un instant, et qu'elle a, sans souffrir la faim, plus de temps pour alaiter ses petits. Ce raisonnement est confirmé par une observation sur le nombre relatif de mamelles et de petits qui distingue les espèces carnacières des frugivores, et dont j'ai parlé dans la note 8. Si cette observation est juste et générale, la femme n'ayant que deux mamelles, et ne faisant guère qu'un enfant à la fois, voilà une forte raison de plus pour douter que l'espèce humaine soit naturellement carnacière, de sorte qu'il semble que, pour tirer la conclusion de Locke, il faudrait retourner tout-à-fait son raisonnement. Il n'y a pas plus de solidité dans la même distinction appliquée aux oiseaux ; car qui pourra se persuader que l'union du mâle et de la femelle soit plus durable parmi les vautours et les corbeaux que parmi les tourterelles ? Nous avons deux espèces d'oiseaux domestiques, la canne et le pigeon, qui nous fournissent des exemples directement contraires au système de cet auteur. Le pigeon, qui ne vit que de grain, reste uni à sa femelle, et ils nourrissent leurs petits en commun. Le canard, dont la voracité est connue, ne reconnaît ni sa femelle ni ses petits, et n'aide en rien à leur subsistance ; et parmi les poules, espèce qui n'est guère moins carnacière, on ne voit pas que le coq se mette aucunement en peine de la couvée. Que si dans d'autres espèces le mâle partage avec la femelle le

soin de nourrir les petits, c'est que les oiseaux,
qui d'abord ne peuvent voler et que la mère ne
peut alaiter, sont beaucoup moins en état de se
passer de l'assistance du père que les quadrupèdes,
à qui suffit la mamelle de la mère, au moins durant quelque temps.

3°. Il y a bien de l'incertitude sur le fait principal qui sert de base à tout le raisonnement de M.
Locke : car pour savoir si, comme il le prétend,
dans le pur état de nature la femme est pour l'ordinaire derechef grosse et fait un nouvel enfant
longtemps avant que le précédent puisse pourvoir
lui-même à ses besoins, il faudrait des expériences qu'assurément Locke n'avait pas faites et que
personne n'est à portée de faire. La cohabitation
continuelle du mari et de la femme est une occasion si prochaine de s'exposer à une nouvelle grossesse, qu'il est bien difficile de croire que la rencontre fortuite ou la seule impulsion du tempérament produisît des effets aussi fréquents dans
le pur état de nature que dans celui de la société
conjugale ; lenteur qui contribuerait peut-être à
rendre les enfants plus robustes, et qui d'ailleurs
pourrait être compensée par la faculté de concevoir,
prolongée dans un plus grand âge chez les femmes
qui en auraient moins abusé dans leur jeunesse.
A l'égard des enfants, il y a bien des raisons de
croire que leurs forces et leurs organes se développent plus tard parmi nous qu'ils ne faisaient dans

l'état primitif dont je parle. La faiblesse originelle qu'ils tirent de la constitution des parents, les soins qu'on prend d'envelopper et gêner tous leurs membres, la mollesse dans laquelle ils sont élevés, peut-être l'usage d'un autre lait que celui de leur mère, tout contrarie et retarde en eux les premiers progrès de la nature. L'application qu'on les oblige de donner à mille choses sur lesquelles on fixe continuellement leur attention, tandis qu'on ne donne aucun exercice à leurs forces corporelles, peut encore faire une diversion considérable à leur accroissement; de sorte que si, au lieu de surcharger et fatiguer d'abord leurs esprits de mille manières, on laissait exercer leurs corps aux mouvements continuels que la nature semble leur demander, il est à croire qu'ils seraient beaucoup plutôt en état de marcher, d'agir, et de pourvoir eux-mêmes à leurs besoins.

4°. Enfin M. Locke prouve tout au plus qu'il pourrait bien y avoir dans l'homme un motif de demeurer attaché à la femme lorsqu'elle a un enfant; mais il ne prouve nullement qu'il a dû s'y attacher avant l'accouchement et pendant les neuf mois de la grossesse. Si telle femme est indifférente à l'homme pendant ces neuf mois, si même elle lui devient inconnue, pourquoi la secourra-t-il après l'accouchement ? Pourquoi lui aidera-t-il à élever un enfant qu'il ne sait pas seulement lui appartenir, et dont il n'a résolu ni prévu la naissance ? M. Locke suppose évidemment ce qui est en question : car il ne s'agit pas de savoir pourquoi l'homme demeurera attaché à la femme après l'accouchement, mais pourquoi il s'attachera à elle après la conception. L'appétit satisfait, l'homme n'a plus besoin de telle femme, ni la femme de tel homme. Celui-ci n'a pas le moindre souci ni peut-être la moindre idée des suites de son action. L'un s'en va d'un côté, l'autre d'un autre, et il n'y a pas d'apparence qu'au bout de neuf mois ils aient la mémoire de s'être connus : car cette espèce de mémoire par laquelle un individu donne la préférence à un individu pour l'acte de la génération, exige, comme je le prouve dans le texte, plus de progrès ou de corruption dans l'entendement humain, qu'on ne peut lui en supposer dans l'état d'animalité dont il s'agit ici. Une autre femme peut donc contenter les nouveaux desirs de l'homme aussi commodément que celle qu'il a déja connue, et un autre homme contenter de même la femme, supposé qu'elle soit pressée du même appétit pendant l'état de grossesse, de quoi l'on peut raisonnablement douter. Que si dans l'état de nature la femme ne ressent plus la passion de l'amour après la conception de l'enfant, l'obstacle à sa société avec l'homme en devient encore beaucoup plus grand, puisqu'alors elle n'a plus besoin ni de l'homme qui l'a fécondée, ni d'aucun autre. Il n'y a donc dans l'homme aucune raison de rechercher la même femme, ni dans la femme aucune raison de rechercher le même homme. Le raisonnement de Locke tombe donc en ruine, et toute la dialectique de ce philosophe ne l'a pas garanti de la faute que Hobbes et d'autres ont commise. Ils avaient à expliquer un fait de l'état de nature, c'est-à-dire, d'un état où les hommes vivaient isolés, et où tel homme n'avait aucun motif de demeurer à côté de tel homme, ni peut-être les hommes de demeurer à côté les uns des autres, ce qui est bien pis; et ils n'ont pas songé à se transporter au-delà des siècles de société, c'est-à-dire, de ces temps où les hommes ont toujours une raison de demeurer près les uns des autres, et où tel homme a souvent une raison de demeurer à côté de tel homme ou de telle femme.

Page 89. ¹³ Je me garderai bien de m'embarquer dans les réflexions philosophiques qu'il y aurait à faire sur les avantages et les inconveniens de cette institution des langues : ce n'est pas à moi qu'on permet d'attaquer les erreurs vulgaires, et le peuple lettré respecte trop ses préjugés pour supporter patiemment mes prétendus paradoxes. Laissons donc parler les gens à qui l'on n'a point fait un crime d'oser prendre quelquefois le parti de la raison contre l'avis de la multitude. *Nec quidquam felicitati humani generis decederet, si, pulsâ à tot linguarum peste et confusione, unam artem callerent mortales, et signis, motibus, gestibusque li-*

citum foret quidvis explicare. Nunc verò ita compa-
ratum est, ut animalium, quæ vulgò bruta credun-
tur, melior longè quàm nostra, hâc in parte, videatur
conditio, ut pote quæ promptiùs et forsan feliciùs,
sensus et cogitationes suas sine interprete signifi-
cent, quàm ulli queant mortales, præsertim si pe-
regrino utantur sermone. Is. Vossius, de Poëmat.
Cant. et viribus Rythmi , p. 66.

Page 98. ¹⁴ Platon, montrant combien les idées
de la quantité discrète et de ses rapports sont nécessaires dans les moindres arts, se moque avec
raison des auteurs de son temps, qui prétendaient
que Palamède avait inventé les nombres au siège
de Troye, comme si, dit ce philosophe, Agamem-
non eût pu ignorer jusques-là combien il avait de
jambes? En effet, on sent l'impossibilité que la société et les arts fussent parvenus où ils étaient déja
du temps du siège de Troye, sans que les hommes
eussent l'usage des nombres et du calcul : mais la
nécessité de connaître les nombres avant que d'acquérir d'autres connaissances, n'en rend pas l'invention plus aisée à imaginer ; les noms des nombres une fois connus, il est aisé d'en expliquer le
sens et d'exciter les idées que ces noms représen-
tent ; mais pour les inventer il fallut, avant que
de concevoir ces mêmes idées, s'être pour ainsi
dire familiarisé avec les méditations philosophiques, s'être exercé à considérer les êtres par leur
seule essence, et indépendamment de toute autre

perception, abstraction très-pénible, très-métaphi-
sique, très-peu naturelle, et sans laquelle cependant ces idées n'eussent jamais pu se transporter
d'une espèce ou d'un genre à un autre, ni les nombres devenir universels. Un sauvage pouvait considérer séparément sa jambe droite et sa jambe gau-
che, ou les regarder ensemble sous l'idée indivi-
sible d'une couple sans jamais penser qu'il en avait
deux; car autre chose est l'idée représentative qui
nous peint un objet, et autre chose l'idée numérique qui le détermine. Moins encore pouvait-il cal-
culer jusqu'à cinq, et quoique appliquant ses mains
l'une sur l'autre, il eût pu remarquer que les doigts
se répondaient exactement, il était bien loin de
songer à leur égalité numérique; il ne savait pas
plus le compte de ses doigts que de ses cheveux;
et si, après lui avoir fait entendre ce que c'est que
nombres, quelqu'un lui eût dit qu'il avait autant
de doigts aux pieds qu'aux mains, il eût peut-être
été fort surpris, en les comparant, de trouver que
cela était vrai.

Page 105. [15] Il ne faut pas confondre l'amour-
propre et l'amour de soi-même, deux passions très-
différentes par leur nature et par leurs effets. L'a-
mour de soi-même est un sentiment naturel qui
porte tout animal à veiller à sa propre conservation, et qui, dirigé dans l'homme par la raison et
modifié par la pitié, produit l'humanité et la vertu.
L'amour-propre n'est qu'un sentiment relatif, fac-

tice, et né dans la société, qui porte chaque individu à faire plus de cas de soi que de tout autre,
qui inspire aux hommes tous les maux qu'ils se font
mutuellement, et qui est la véritable source de
l'honneur.

Ceci bien entendu, je dis que dans notre état primitif, dans le véritable état de nature, l'amour-propre n'existe pas; car chaque homme en particulier
se regardant lui-même comme le seul spectateur
qui l'observe, comme le seul être dans l'univers qui
prenne intérêt à lui, comme le seul juge de son
propre mérite, il n'est pas possible qu'un sentiment
qui prend sa source dans des comparaisons qu'il n'est
pas à portée de faire, puisse germer dans son ame:
par la même raison cet homme ne saurait avoir ni
haine, ni desir de vengeance, passions qui ne peuvent naître que de l'opinion de quelque offense reçue; et comme c'est le mépris ou l'intention de nuire
et non le mal qui constitue l'offense, des hommes
qui ne savent ni s'apprécier ni se comparer, peuvent se faire beaucoup de violences mutuelles,
quand il leur en revient quelque avantage, sans
jamais s'offenser réciproquement. En un mot, chaque homme ne voyant guère ses semblables que
comme il verrait des animaux d'une autre espèce,
peut ravir la proie au plus faible ou céder la sienne
au plus fort, sans envisager ces rapines que comme
des événements naturels, sans le moindre mouvement d'insolence ou de dépit, et sans autre passion

que la douleur ou la joie d'un bon ou mauvais succès.

Page 146. 16 C'est une chose extrêmement re-
marquable, que depuis tant d'années que les Européens se tourmentent pour amener les sauvages
des diverses contrées du monde à leur manière de
vivre, ils n'aient pas pu encore en gagner un seul,
non pas même à la faveur du christianisme ; car nos
missionnaires en font quelquefois des chrétiens,
mais jamais des hommes civilisés. Rien ne peut surmonter l'invincible répugnance qu'ils ont à prendre
nos mœurs et vivre à notre manière. Si ces pauvres sauvages sont aussi malheureux qu'on le prétend, par quelle inconcevable dépravation de jugement refusent-ils constamment de se policer à
notre imitation, ou d'apprendre à vivre heureux
parmi nous, tandis qu'on lit en mille endroits que
des Français et d'autres Européens se sont réfu-
giés volontairement parmi ces nations, y ont passé
leur vie entière sans pouvoir plus quitter une si
étrange manière de vivre, et qu'on voit même des
missionnaires sensés regretter avec attendrissement
les jours calmes et innocents qu'ils ont passés chez
ces peuples si méprisés ? Si l'on répond qu'ils n'ont
pas assez de lumière pour juger sainement de leur
état et du nôtre, je répliquerai que l'estimation du
bonheur est moins l'affaire de la raison que du sentiment. D'ailleurs, cette réponse peut se rétorquer
contre nous avec plus de force encore ; car il y a
plus loin de nos idées à la disposition d'esprit où

il faudrait être pour concevoir le goût que trouvent les sauvages à leur manière de vivre, que des idées des sauvages à celles qui peuvent leur faire concevoir la nôtre. En effet, après quelques observations, il leur est aisé de voir que tous nos travaux se dirigent sur deux seuls objets; savoir, pour soi les commodités de la vie, et la considération parmi les autres. Mais le moyen pour nous d'imaginer la sorte de plaisir qu'un sauvage prend à passer sa vie seul au milieu des bois ou à la pêche, ou à souffler dans une mauvaise flûte sans jamais savoir en tirer un seul ton et sans se soucier de l'apprendre?

On a plusieurs fois amené des sauvages à Paris, à Londres et dans d'autres villes; on s'est empressé de leur étaler notre luxe, nos richesses et tous nos arts les plus utiles et les plus curieux; tout cela n'a jamais excité chez eux qu'une admiration stupide, sans le moindre mouvement de convoitise. Je me souviens entre autres de l'histoire d'un chef de quelques Américains septentrionaux qu'on mena à la cour d'Angleterre il y a une trentaine d'années. On lui fit passer mille choses devant les yeux pour chercher à lui faire quelque présent qui pût lui plaire, sans qu'on trouvât rien dont il parût se soucier. Nos armes lui semblaient lourdes et incommodes, nos souliers lui blessaient les pieds, nos habits le gênaient, il rebutait tout : enfin on s'aperçut qu'ayant pris une couverture de laine, il semblait prendre plaisir à s'en envelopper les épaules ; vous conviendrez au moins, lui dit-on aussitôt, de l'utilité de ce meuble ? Oui, répondit-il, cela me paraît presque aussi bon qu'une peau de bête. Encore n'eût-il pas dit cela s'il eût porté l'une et l'autre à la pluie.

Peut-être me dira-t-on que c'est l'habitude qui, attachant chacun à sa manière de vivre, empêche les sauvages de sentir ce qu'il y a de bon dans la nôtre ; et sur ce pied-là, il doit paraître au moins fort extraordinaire que l'habitude ait plus de force pour maintenir les sauvages dans le goût de leur misère, que les Européens dans la jouissance de leur félicité. Mais pour faire à cette dernière objection une réponse à laquelle il n'y ait pas un mot à répliquer, sans alléguer tous les jeunes sauvages qu'on s'est vainement efforcé de civiliser, sans parler des Groenlandais et des habitants de l'Islande, qu'on a tenté d'élever et nourrir en Danemarck, et que la tristesse et le désespoir ont tous fait périr, soit de langueur, soit dans la mer où ils avaient tenté de regagner leur pays à la nage, je me contenterai de citer un seul exemple bien attesté, et que je donne à examiner aux admirateurs de la police européenne.

« Tous les efforts des missionnaires hollandais « du cap de Bonne-Espérance n'ont jamais été « capables de convertir un seul Hottentot. Van

« der Stel, gouverneur du cap, en ayant pris
« un dès l'enfance, le fit élever dans les prin-
« cipes de la religion chrétienne et dans la pra-
« tique des usages de l'Europe. On le vêtit riche-
« ment; on lui fit apprendre plusieurs langues,
« et ses progrès répondirent fort bien aux soins
« qu'on prit pour son éducation. Le gouverneur,
« espérant beaucoup de son esprit, l'envoya aux In-
« des avec un commissaire général, qui l'employa
« utilement aux affaires de la compagnie. Il revint
« au cap après la mort du commissaire. Peu de
« jours après son retour, dans une visite qu'il ren-
« dit à quelques Hottentots de ses parents, il prit
« le parti de se dépouiller de sa parure euro-
« péenne pour se revêtir d'une peau de brebis. Il
« retourna au fort, dans ce nouvel ajustement,
« chargé d'un paquet qui contenait ses anciens ha-
« bits, et, les présentant au gouverneur, il lui
« tint ce discours * : *Ayez la bonté, Monsieur,*
« *de faire attention que je renonce pour toujours*
« *à cet appareil. Je renonce aussi pour toute ma*
« *vie à la religion chrétienne, ma résolution est*
« *de vivre et mourir dans la religion, les manières*
« *et les usages de mes ancêtres. L'unique grace que*
« *je vous demande est de me laisser le collier et*
« *le coutelas que je porte. Je les garderai pour*
« *l'amour de vous.* Aussitôt, sans attendre la ré-

* Voyez le frontispice.

« ponse de Van der Stel, il se déroba par la fuite,
« et jamais on ne le revit au cap. » *Histoire des
voyages*, tome 5, page 175.

Page 159. [17] On pourrait m'objecter que, dans
un pareil désordre, les hommes, au lieu de s'en-
trégorger opiniâtrement, se seraient dispersés s'il
n'y avait point eu de bornes à leur dispersion.
Mais premièrement, ces bornes eussent au moins
été celles du monde; et si l'on pense à l'excessive
population qui résulte de l'état de nature, on jugera que la terre dans cet état n'eût pas tardé à être
couverte d'hommes ainsi forcés à se tenir rassemblés. D'ailleurs, ils se seraient dispersés si le mal
avait été rapide, et que c'eût été un changement fait
du jour au lendemain; mais ils naissaient sous le
joug : ils avaient l'habitude de le porter quand ils
en sentaient la pesanteur, et ils se contentaient d'attendre l'occasion de le secouer. Enfin, déja accoutumés à mille commodités qui les forçaient à se
tenir rassemblés, la disposition n'était plus si facile que dans les premiers temps où nul n'ayant
besoin que de soi-même, chacun prenait son parti
sans attendre le consentement d'un autre.

Page 163. [18] Le maréchal de V*** contait que,
dans une de ses campagnes, les excessives friponneries d'un entrepreneur des vivres ayant fait souffrir et murmurer l'armée, il le tança vertement et
le menaça de le faire pendre. Cette menace ne me
regarde pas, lui répondit hardiment le fripon, et

je suis bien aise de vous dire qu'on ne pend point un homme qui dispose de cent mille écus. Je ne sais comment cela se fit, ajoutait naïvement le maréchal ; mais en effet il ne fut point pendu, quoiqu'il eût cent fois mérité de l'être.

Page 190. ¹⁹ La justice distributive s'opposerait même à cette égalité rigoureuse de l'état de nature, quand elle serait praticable dans la société civile ; et comme tous les membres de l'état lui doivent des services proportionnés à leurs talents et à leurs forces, les citoyens à leur tour doivent être distingués et favorisés à proportion de leurs services. C'est en ce sens qu'il faut entendre un passage d'Isocrate, dans lequel il loue les premiers Athéniens d'avoir bien su distinguer quelle était la plus avantageuse des deux sortes d'égalité, dont l'une consiste à faire part des mêmes avantages à tous les citoyens indifféremment, et l'autre à les distribuer selon le mérite de chacun. Ces habiles politiques, ajoute l'orateur, bannissant cette injuste égalité qui ne met aucune différence entre les méchants et les gens de bien, s'attachèrent inviolablement à celle qui récompense et punit chacun selon son mérite. Mais premièrement, il n'a jamais existé de société, à quelque degré de corruption qu'elle ait pu parvenir, dans laquelle on ne fît aucune différence des méchants et des gens de bien ; et dans les matières de mœurs, où la loi ne peut fixer de mesure assez exacte pour servir de règle au magistrat, c'est très-sagement que, pour ne pas laisser le sort ou le rang des citoyens à sa discrétion, elle lui interdit le jugement des personnes pour ne lui laisser que celui des actions. Il n'y a que des mœurs aussi pures que celles des anciens romains qui puissent supporter des censeurs, et de pareils tribunaux auraient bientôt tout bouleversé parmi nous : c'est à l'estime publique à mettre la différence entre les méchants et les gens de bien ; le magistrat n'est juge que du droit rigoureux ; mais le peuple est le véritable juge des mœurs, juge intègre et même éclairé sur ce point, qu'on abuse quelquefois, mais qu'on ne corrompt jamais. Les rangs des citoyens doivent donc être réglés, non sur leur mérite personnel, ce qui serait laisser au magistrat le moyen de faire une application presque arbitraire de la loi, mais sur les services réels qu'ils rendent à l'état, et qui sont susceptibles d'une estimation plus exacte.

LETTRE

DE

J. J. ROUSSEAU,

A MONSIEUR

PHILOPOLIS.

Vous voulez, Monsieur, que je vous réponde, puisque vous me faites des questions. Il s'agit, d'ailleurs, d'un ouvrage dédié à mes concitoyens; je dois, en le défendant, justifier l'honneur qu'ils m'ont fait de l'accepter. Je laisse à part dans votre lettre ce qui me regarde en bien et en mal, parce que l'un compense l'autre à-peu-près, que j'y prends peu d'intérêt, le public encore moins,

et que tout cela ne fait rien à la re-
cherche de la vérité. Je commence donc
par le raisonnement que vous me pro-
posez, comme essentiel à la question
que j'ai tâché de résoudre.

L'état de société, me dites-vous, résulte immédiatement des facultés de
l'homme et par conséquent de sa nature.
Vouloir que l'homme ne devînt point
sociable, ce serait donc vouloir qu'il ne
fût point homme, et c'est attaquer l'ouvrage de Dieu que de s'élever contre la
société humaine. Permettez-moi, Monsieur, de vous proposer à mon tour une
difficulté avant de résoudre la vôtre. Je
vous épargnerais ce détour, si je con-
naissais un chemin plus sûr pour aller
au but.

Supposons que quelques savants trou-
vassent un jour le secret d'accélérer la
vieillesse, et l'art d'engager les hommes
à faire usage de cette rare découverte:
persuasion qui ne serait peut-être pas

si difficile à produire qu'elle paraît au premier aspect ; car la raison, ce grand véhicule de toutes nos sottises, n'aurait garde de nous manquer à celle-ci. Les philosophes surtout et les gens sensés, pour secouer le joug des passions et goûter le précieux repos de l'ame, gagneraient à grands pas l'âge de Nestor, et renonceraient volontiers aux desirs qu'on peut satisfaire, afin de se garantir de ceux qu'il faut étouffer. Il n'y aurait que quelques étourdis qui, rougissant même de leur faiblesse, voudraient follement rester jeunes et heureux, au lieu de vieillir pour être sages.

Supposons qu'un esprit singulier, bizarre, et pour tout dire, un homme à paradoxes, s'avisât alors de reprocher aux autres l'absurdité de leurs maximes, de leur prouver qu'ils courent à la mort en cherchant la tranquillité, qu'ils ne font que radoter à force d'être raisonnables, et que, s'il faut qu'ils soient vieux un jour, ils devraient tâcher au moins de l'être le plus tard qu'il serait possible.

Il ne faut pas demander si nos sophistes, craignant le décri de leur Arcane, se hâteraient d'interrompre ce discoureur importun. « Sages vieillards, di- « raient-ils à leurs sectateurs, remerciez « le ciel des graces qu'il vous accorde, « et félicitez-vous sans cesse d'avoir si « bien suivi ses volontés. Vous êtes dé- « crépits, il est vrai, languissants, ca- « cochymes ; tel est le sort inévitable « de l'homme, mais votre entendement « est sain ; vous êtes perclus de tous les « membres, mais votre tête en est plus « libre ; vous ne sauriez agir, mais vous « parlez comme des oracles ; et si vos « douleurs augmentent de jour en jour, « votre philosophie augmente avec elles. « Plaignez cette jeunesse impétueuse « que sa brutale santé prive des biens « attachés à votre faiblesse. Heureuses « infirmités, qui rassemblent autour de

« vous tant d'habiles pharmaciens four-
« nis de plus de drogues que vous n'avez
« de maux, tant de savants médecins
« qui connaissent à fond votre pouls,
« qui savent en grec les noms de tous
« vos rhumatismes ; tant de zélés con-
« solateurs et d'héritiers fidèles qui vous
« conduisent agréablement à votre der-
« nière heure. Que de secours perdus
« pour vous, si vous n'aviez su vous don-
« ner les maux qui les ont rendus né-
« cessaires ! »

Ne pouvons-nous pas imaginer qu'apos-
trophant ensuite notre imprudent aver-
tisseur, ils lui parleraient à-peu-près
ainsi :

« Cessez, déclamateur téméraire, de
« tenir ces discours impies. Osez-vous
« blâmer ainsi la volonté de celui qui
« a fait le genre humain ? L'état de
« vieillesse ne découle-t-il pas de la cons-
« titution de l'homme ? N'est-il pas na-
« turel à l'homme de vieillir ? Que faites-
« vous donc dans vos discours séditieux,

« que d'attaquer une loi de la nature et
« par conséquent la volonté de son créa-
« teur? Puisque l'homme vieillit, Dieu
« veut qu'il vieillisse. Les faits sont-ils
« autre chose que l'expression de sa vo-
« lonté ? Apprenez que l'homme jeune
« n'est point celui que Dieu a voulu
« faire, et que, pour s'empresser d'obéir
« à ses ordres, il faut se hâter de vieil-
« lir. »

Tout cela supposé, je vous demande, Monsieur, si l'homme aux paradoxes doit se taire ou répondre, et, dans ce dernier cas, de vouloir bien m'indiquer ce qu'il doit dire, je tâcherai de résoudre alors votre objection.

Puisque vous prétendez m'attaquer par mon propre système, n'oubliez pas, je vous prie, que selon moi la société est naturelle à l'espèce humaine comme la décrépitude à l'individu, et qu'il faut des arts, des lois, des gouvernements aux peuples comme il faut des bequilles aux vieillards. Toute la différence est

que l'état de vieillesse découle de la
seule nature de l'homme, et que celui
de société découle de la nature du genre
humain, non pas immédiatement comme vous le dites, mais seulement comme
je l'ai prouvé à l'aide de certaines circonstances extérieures qui pouvaient
être ou n'être pas, ou du moins arriver
plus tôt ou plus tard, et par conséquent
accélérer ou ralentir le progrès. Plusieurs même de ces circonstances dépendent de la volonté des hommes; j'ai
été obligé, pour établir une parité parfaite, de supposer dans l'individu le
pouvoir d'accélérer sa vieillesse comme
l'espèce a celui de retarder la sienne.
L'état de société ayant donc un terme
extrême auquel les hommes sont les
maîtres d'arriver plus tôt ou plus tard, il
n'est pas inutile de leur montrer le danger d'aller si vite, et les misères d'une
condition qu'ils prennent pour la perfection de l'espèce.

A l'énumération des maux dont les

hommes sont accablés et que je soutiens être leur propre ouvrage, vous m'assurez, Leibnitz et vous, que tout est bien, et qu'ainsi la providence est justifiée. J'étais éloigné de croire qu'elle eût besoin, pour sa justification, du secours de la philosophie leibnitzienne ni d'aucune autre. Pensez-vous sérieusement vous-même qu'un système de philosophie, quel qu'il soit, puisse être plus iropréhensible que l'univers, et que, pour disculper la providence, les arguments d'un philosophe soient plus convaincants que les ouvrages de Dieu ? Au reste, nier que le mal existe, est un moyen fort commode d'excuser l'auteur du mal. Les Stoïciens se sont autrefois rendus ridicules à meilleur marché.

Selon Leibnitz et Pope, tout ce qui est est bien. S'il y a des sociétés, c'est que le bien général veut qu'il y en ait ; s'il n'y en a point, le bien général veut qu'il n'y en ait pas ; et si quelqu'un persuadait aux hommes de retourner vivre dans les foréts, il serait bon qu'ils y retournassent vivre. On ne doit pas appliquer à la nature des choses une idée de bien ou de mal qu'on ne tire que de leurs rapports ; car elles peuvent être bonnes relativement au tout, quoique mauvaises en elles-mêmes. Ce qui concourt au bien général peut être un mal particulier, dont il est permis de se délivrer quand il est possible ; car si ce mal, tandis qu'on le supporte, est utile au tout, le bien contraire qu'on s'efforce de lui substituer ne lui sera pas moins utile sitôt qu'il aura lieu. Par la même raison que tout est bien comme il est, si quelqu'un s'efforce de changer l'état des choses, il est bon qu'il s'efforce de les changer ; et s'il est bien ou mal qu'il réussisse, c'est ce qu'on peut apprendre de l'événement seul et non de la raison. Rien n'empêche en cela que le mal particulier ne soit un mal réel pour celui qui le souffre. Il était bon pour le tout que nous fussions civilisés puisque nous le sommes; mais il eût certainement été mieux pour nous de ne pas l'être. Leibnitz n'eût jamais rien tiré de son système qui pût combattre cette proposition; et il est clair que l'optimisme, bien entendu, ne fait rien ni pour ni contre moi.

Aussi n'est-ce ni à Leibnitz ni à Pope que j'ai à répondre, mais à vous seul, qui, sans distinguer le mal universel qu'ils nient, du mal particulier qu'ils ne nient pas, prétendez que c'est assez qu'une chose existe pour qu'il ne soit pas permis de desirer qu'elle existât autrement. Mais, Monsieur, si tout est bien comme il est, tout était bien comme il était avant qu'il y eût des gouvernemens et des lois; il fut donc au moins superflu de les établir, et Jean-Jacques alors, avec votre système, eût eu beau jeu contre Philopolis. Si tout est bien comme il est, de la manière que vous l'entendez, à quoi bon corriger nos viees, guérir nos maux, redresser nos erreurs ? Qué servent nos chaires, nos tribunaux, nos académies ? Pourquoi faire appeler un médecin quand vous avez la fièvre ? Que savez-vous si le bien du plus grand tout que vous ne connaissez pas, n'exige point que vous ayez le transport, et si la santé des habitants de Saturne ou de Sirius ne souffriraient point du rétablissement de la vôtre ? Laissez aller tout comme il pourra, afin que tout aille toujours bien. Si tout est le mieux qu'il peut être, vous devez blâmer toute action quelconque; car toute action produit nécessairement quelque changement dans l'état où sont les choses, au moment qu'elle se fait : on ne peut donc toucher à rien sans mal faire, et le quiétisme le plus parfait est la seule vertu qui reste à l'homme. Enfin, si tout est bien comme il est, il est bon qu'il y ait des Lapons, des Esquimaux, des Algonquins, des Chicacas, des Caraïbes, qui se passent de notre police; des

Hottentots qui s'en moquent, et un Genevois qui les approuve. Leibnitz lui-même conviendrait de ceci.

L'homme, dites-vous, est tel que l'exigeait la place qu'il devait occuper dans l'univers. Mais les hommes diffèrent tellement selon les temps et les lieux, qu'avec une pareille logique, on serait sujet à tirer du particulier à l'universel des conséquences fort contradictoires et fort peu concluantes. Il ne faut qu'une erreur de géographie pour bouleverser toute cette prétendue doctrine qui déduit ce qui doit être de ce qu'on voit. C'est à faire aux Castors, dira l'Indien, de s'enfouir dans des tanières: l'homme doit dormir à l'air dans un hamac suspendu à des arbres. Non, non, dira le Tartare, l'homme est fait pour coucher dans un chariot. Pauvres gens, s'écrieront nos Philopolis d'un air de pitié, ne voyez-vous pas que l'homme est fait pour bâtir des villes? Quand il est question de raisonner sur la nature

humaine, le vrai philosophe n'est ni Indien, ni Tartare, ni de Genève, ni de
Paris, mais il est homme.

Que le singe soit une bête, je le crois,
et j'en ai dit la raison ; que l'Orang-Outang en soit une aussi, voilà ce que vous
avez la bonté de m'apprendre ; et j'avoue
qu'après les faits que j'ai cités, la preuve
de celui-là me semblait difficile. Vous
philosophez trop bien pour prononcer
là-dessus aussi légèrement que vos voyageurs qui s'exposent quelquefois sans
beaucoup de façons, à mettre leurs semblables au rang des bêtes. Vous oblige-
rez donc sûrement le public, et vous ins-
truirez même les naturalistes en nous
apprenant les moyens que vous avez employés pour décider cette question.

Dans mon épître dédicatoire, j'ai félicité ma patrie d'avoir un des meilleurs
gouvernements qui pussent exister. J'ai
trouvé dans le discours qu'il devait y
avoir très-peu de bons gouvernements :
je ne vois pas où est la contradiction que

vous remarquez en cela. Mais comment savez-vous, Monsieur, que j'irais vivre dans les bois si ma santé me le permettait, plutôt que parmi mes concitoyens, pour lesquels vous connaissez ma tendresse? Loin de rien dire de semblable dans mon ouvrage, vous y avez dû voir des raisons très-fortes de ne point choisir ce genre de vie. Je sens trop en mon particulier combien peu je puis me passer de vivre avec des hommes aussi corrompus que moi, et le sage même, s'il en est, n'ira pas aujourd'hui chercher le bonheur au fond d'un désert. Il faut fixer, quand on le peut, son séjour dans sa patrie pour l'aimer et la servir. Heureux celui qui, privé de cet avantage, peut au moins vivre au sein de l'amitié dans la patrie commune du genre humain, dans cet asyle immense ouvert à tous les hommes, où se plaisent également l'austère sagesse et la jeunesse folâtre; où règnent l'humanité, l'hospitalité, la douceur, et tous les

charmes d'une société facile; où le pauvre trouve encore des amis, la vertu des
exemples qui l'animent, et la raison des
guides qui l'éclairent. C'est sur ce grand
théâtre de la fortune, du vice, et quelquefois des vertus, qu'on peut observer
avec fruit le spectacle de la vie ; mais
c'est dans son pays que chacun devrait
en paix achever la sienne.

Il me semble, Monsieur, que vous
me censurez bien gravement sur une
réflexion qui me parait très-juste, et
qui, juste ou non, n'a point dans mon
écrit le sens qu'il vous plait de lui donner par l'addition d'une seule lettre. *Si
la nature nous a destinés à être sains*,
me faites - vous dire, *j'ose presque assurer que l'état de réflexion est un état
contre nature, et que l'homme qui médite
est un animal dépravé.* Je vous avoue que
si j'avais ainsi confondu la santé avec
la sainteté, et que la proposition fût
vraie, je me croirais très-propre à devenir un grand saint moi-même dans

l'autre monde, ou du moins à me porter toujours bien dans celui-ci.

Je finis, Monsieur, en répondant à vos trois dernières questions. Je n'abuserai pas du temps que vous me donnez pour y réfléchir; c'est un soin que j'avais pris d'avance.

Un homme ou tout autre être sensible, qui n'aurait jamais connu la douleur, aurait-il de la pitié, et serait-il ému à la vue d'un enfant qu'on égorgerait? Je réponds que non.

Pourquoi la populace, à qui M. Rousseau accorde une si grande dose de pitié, se repaît-elle avec tant d'avidité du spectacle d'un malheureux expirant sur la roue? Par la même raison que vous allez pleurer au théâtre et voir Séide égorger son père, ou Thyeste boire le sang de son fils. La pitié est un sentiment si délicieux, qu'il n'est pas étonnant qu'on cherche à l'éprouver. D'ailleurs, chacun a une curiosité secrète d'étudier les mouvements de la nature aux approches de ce moment redoutable que nul ne peut éviter. Ajoutez à cela le plaisir d'être pendant deux mois l'orateur du quartier, et de raconter pathétiquement aux voisins la belle mort du dernier roué.

L'affection que les femelles des animaux témoignent pour leurs petits, a-t-elle ces petits pour objet, ou la mère ? D'abord la mère pour son besoin, puis les petits par habitude. Je l'avais dit dans le discours. *Si par hasard c'était celle-ci, le bien-être des petits n'en serait que plus assuré. Je le croirais ainsi.* Cependant cette maxime demande moins à être étendue que resserrée ; car, dès que les poussins sont éclos, on ne voit pas que la poule ait aucun besoin d'eux, et sa tendresse maternelle ne le cède pourtant à nulle autre.

Voilà, Monsieur, mes réponses. Remarquez au reste que, dans cette affaire comme dans celle du premier discours, je suis toujours le monstre qui soutient que l'homme est naturellement bon, et que mes adversaires sont toujours les honnêtes gens qui, à l'édification publique, s'efforcent de prouver que la nature n'a fait que des scélérats.

Je suis, autant qu'on peut l'être, de quelqu'un qu'on ne connait point.

Monsieur, etc.